hänssler

Vreni Theobald

»Ich halte mein Herz an die Sonne!«

Als Frau persönlich weiterkommen

Vreni Theobald, Jg. 1946, seit über 30 Jahren verheiratet mit Dieter Theobald, gemeinsame Arbeit in der Pilgermission St. Chrischona, zuerst in der Gemeindearbeit, dann Jugendarbeit, später Leitung eines Tagungszentrums. Heute als Eheberater tätig, geben Seminare, Vortragstätigkeit und Autorin.
Die Autorin ist weitergebildet zur Paar- und Familientherapeutin.

Hänssler-Taschenbuch
Bestell-Nr. 393.420
ISBN 3-7751-3420-4

2. Auflage 2000
© Copyright 1999 by Hänssler Verlag, D-71087 Holzgerlingen
Umschlaggestaltung: Martina Stadler, Daniel Kocherscheidt
Titelfoto: Bildagentur Mauritius
Satz: Vaihinger Satz & Druck
Druck und Verarbeitung: Ebner ULM
Printed in Germany

Inhalt

Du bist okay! 7

Vom Minderwert zum Vollwert 13

Spieglein, Spieglein in der Hand,
wer ist die Beste im ganzen Land? 34

Aufatmen erlaubt! – Ich bin nicht an allem schuld! . 49

Miteinander reden – aufeinander hören! 64

Beziehungen beginnen mit dem Herzen! 76

Wenn Leben nicht Erfüllung findet!
*Wie bewältigen wir Single-Sein, Kinderlosigkeit
und Enttäuschungen in der Ehe?* 88

Leben – oder gelebt werden? 106

Die verschiedenen Phasen im Leben einer Frau .. 121

Verantwortlicher Umgang mit Gaben und Grenzen
Mein Leben gestalten als begabte und begrenzte Frau .. 137

Dienst für Gott – Diakonie in der Gemeinde 163

Nachwort 172

Du bist okay!

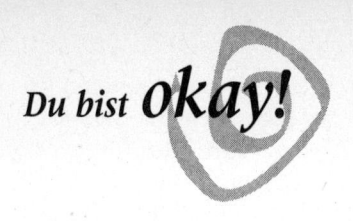

Wie gut, dass es mich gibt!

Beim Nachsprechen dieses Satzes spüre ich ein inneres Sträuben. Darf man das überhaupt so sagen? In der Du-Form wäre er mir geläufiger: »Wie gut, dass es dich gibt!« Es fällt mir leichter, dies einem anderen Menschen zuzusprechen, als es über mir gelten zu lassen.

Ich will diesen Satz aber nicht nur aushalten, sondern ihn im Herzen festhalten und glauben. Daran glauben, dass der lebendige Gott, der »Frauenerfinder«, sich über seine Schöpfung freut und uns seine Sicht über uns Frauen offenbaren möchte.

Ich lade dich ein, liebe Freundin, sprich diesen Satz: »Wie gut, dass es mich gibt!« einige Male langsam und laut aus und freue dich an dem, was der Herr dir heute zusagt.

Du bist wunderbar gemacht!

Ein großer Industriezweig lebt vom Bedürfnis der Frauen nach Schönheit. Schönheit bringt Anerkennung, Bewunderung, Begehrtsein mit sich – und wer wünscht sich das nicht.

Natürlich tragen die Männer ihren Anteil dazu bei. Sie möchten sich mit der hübschen Frau an ihrer Seite präsentieren, einen »Wertzuwachs« verbuchen.

Aber die Konkurrenz ist groß. Auch ohne Teilnahme an einer Miss-Wahl haben die meisten Frauen das Gefühl, schlechter abzuschneiden. Es gibt immer noch schönere, schlankere, genormtere, attraktivere weibliche Wesen. Damit wächst die Unzufriedenheit über das eigene Aussehen, oft bis hin zu handfesten Minderwertigkeits- und Unterlegenheitsgefühlen.
Wie wär's mit der Entdeckung von Psalm 139,14: »*Ich danke dir dafür, dass ich wunderbar gemacht bin; wunderbar sind deine Werke; das erkennt meine Seele.*«?
Meine Gestalt, mein Aussehen, meine Art zu sprechen und zu gehen, das ist alles nicht zufällig, nicht nur genetisches Erbe. Ich bin von Gott gewollt, von ihm erdacht und geschaffen. Ich bin ein Frauen-Original, einmalig, einzigartig, ein echtes Einzelexemplar. Auch die etwas zu breite Nase, die zu dünnen Haare und zu dicken Beine gehören unverwechselbar zu mir. Indem ich JA zu mir sage, mich in meinem Sosein dankbar annehme, anerkenne ich Gottes Schöpfungswerk mit mir und ehre ihn.

Du bist bedingungslos geliebt!

Von klein auf ist vielen Frauen ein ähnliches Grundmuster vertraut: Wenn ich mich erwartungsgemäß verhalte, mag man mich; wenn ich lieb bin, hat man mich lieb; wenn ich etwas leiste, bin ich wertvoll; wenn ich brav bin, werde ich gelobt. Das heißt mit anderen Worten: Liebe ist an Bedingungen geknüpft.
Die tiefe Sehnsucht eines Kindes nach Liebe und Angenommensein wurde zu Erziehungszwecken oder zum elterlichen Vorteil genutzt. Das war kaum je böse

gemeint, aber es hinterließ Spuren. Im Herzen so geprägter Menschen ist der Satz eingraviert: Liebe muss ich mir verdienen. Das hat Auwirkungen auf alle Beziehungen, ganz besonders auf die Ehe- und Gottesbeziehung, die am stärksten von geschenkter und angenommener Liebe leben. Die Angst, nicht zu genügen, verhindert oft eine vertrauensvolle Offenheit und entspannte Hingabe. Man hört und glaubt die Worte der Liebe mit dem Kopf und koppelt sie gleichzeitig zusammen mit der im Herzen gespeicherten Spielregel, dass Zuwendung von meinem Verhalten abhängig ist. Diese Lebenshaltung kann sich so stark in uns einnisten, dass sie, wie eine militärische Festung abgesichert, allen Veränderungsversuchen widersteht.

Ich war selber über eine lange Zeit gefangen in diesem Lebensmuster und konnte nicht glauben, dass man mich »einfach so« annehmen und lieb haben könnte. Ich mühte mich ab, um den Beweis zu erbringen, dass ich der Liebe würdig bin. Aber es war ein »Krampf«, mit mancherlei Enttäuschungen und Frusterfahrungen im Gefolge.
Aber dann habe ich eines Tages Gottes Jauchzer über mich vernommen. Gelesen hatte ich diese Bibelstelle schon öfters. Sie gefiel mir, und ich verstand, dass Gott sein Volk damit meinte. Nun traf sie mein Herz, ich hörte, dass der lebendige Herr über mich lachte und jauchzte, weil er sich in seiner Liebe zu mir über mich freute! Er freute sich nicht über meine Leistung, über meine Gaben und guten Taten. Er freute sich über mich. Grundlos, bedingungslos. Weil er mein Vater ist, der seine Tochter liebt. Ich konnte diese unverdiente Liebe annehmen, ihr glauben, mich darin entspannen und froh werden. Seither bewahre ich dieses Wort wie einen

kostbaren Schatz in mir: »*Der Herr, dein Gott ist bei dir, ein starker Heiland. Er wird sich über dich freuen und dir freundlich sein, er wird dir vergeben in seiner Liebe und wird über dich mit Jauchzen fröhlich sein.*« Zef 3,17.

Du bist begabt!

Die oft zitierten »vier B«, die Hauptkriterien zum Beurteilen einer Berufung in den vollzeitlichen Dienst im Reich Gottes, heißen: bekehrt, bewährt, begabt, berufen. Wer das abhaken kann, hat eine solide Grundlage.
Begabte sind Gefragte! Nur: was heißt »begabt«? Wie viele Gaben sollte man haben? Wann ist eine Frau genügend begabt, qualifiziert? Wird der IQ bewertet oder die Geistesgaben, soziale Kompetenzen oder emotionale Intelligenz?
Ganz egal, wie hoch das Potenzial und wie breit das Spektrum deiner Gaben ist, ich sage dir, liebe Freundin: Du bist begabt! Du hast ein Frauengut mitbekommen! Da sind die Gaben deiner weiblichen Intuition, dass du so manches spürst, ganzheitlich wahrnimmst und darauf reagierst. Dann die große Gabe, Leben zu empfangen und zu gebären, Leben zu nähren, zu pflegen, zu bergen. Da ist deine Beziehungsfähigkeit, dein Interesse an anderen Menschen, deine mütterliche Fürsorge und Hilfsbereitschaft, deine Herzlichkeit und Natürlichkeit, die eine gute Atmosphäre schaffen. Ganz zu schweigen von den kreativen Gaben des Gestaltens, Schmückens, Einrichtens, Dekorierens, von den musischen und pädagogischen Gaben. Die größte »Mitgift«, die eine Frau mit

in die Ehe bringt, ist die Gabe eines liebenden Herzens! Nicht umsonst spricht Salomo in den Sprüchen so viel über die Macht der Frauen. Wir brauchen dringend Gottes Weisheit, um damit klug und verantwortungsvoll umzugehen.
Freue dich an deinen Gaben, liebe Freundin, und gebrauche sie!

Du bist wert geachtet!

Mein Mann und ich besitzen einige wertvolle Gegenstände. Materiell gesehen sind sie unbedeutend. Aber weil sie mit unserer Geschichte und unserer Liebe zueinander verbunden sind, sind sie für uns kostbar, wertvoll. Sie bedeuten uns einen Schatz an Erinnerungen. Darum gehen wir sorgsam damit um. Wir schätzen und achten die Geschichte, die uns mit diesen Gegenständen verbindet, und geben ihnen damit einen besonderen Wert. Die Wertschätzung liegt nicht im Gegenstand selber, sondern im Herzen des Bewerters.
Wenn Gott dich anschaut, sucht er nicht nach Erfolg und Ruhm, nach Titeln und Statussymbolen, die dir Wert verschaffen. Die Wertschätzung deines Lebens ist in seinem Herzen begründet. Deine Person an sich hat einen Wert, du bist eine Angesehene. Das Angesehensein von Menschen hängt davon ab, wer, wie und wie viele Menschen dich ansehen, und was sie von dir halten. Das ist manchem Wechsel unterworfen. Angesehensein von Gott, das ist der höchste Wert, ein Wert, der bleibt.
Du bist eine Geliebte. Das gibt dir Würde, eine Würde, die bleibt. Du bist eine Berufene. Berufen, um als seine Tochter aufrecht und frei in dieser Welt zu stehen und

für Gott zu leben.
Nimm Gottes Begründung für die Wertschätzung deines Lebens an, wenn er dir sagt: »...*weil du in meinen Augen so wertgeachtet und auch herrlich bist und weil ich dich lieb habe*...« Jes 43,4

In einem seiner Bücher beschrieb Henri Nouwen eine Erfahrung, als ihm der Abt den Satz zum Meditieren mitgab: »Du bist die Herrlichkeit Gottes.« Ich habe diesen Satz aufgenommen, darüber lange nachgedacht und etwas davon erlebt, dass Gottes Herrlichkeit durch Jesus Christus in mir lebt und von innen heraus alles in mir schön und hell machen will.
Auch von dir gilt, was Paulus von uns allen sagt: »*Die er gerufen hat, die lässt er gelten, zu denen sagt er sein Ja. Über sie breitet er seinen Lichtglanz, macht sie heilig und schön.*« (Röm 8,30 ; Jörg Zink-Übersetzung.)

Vom *Minderwert* zum *Vollwert*

Bei Lebensmitteln kann ich minderwertige und vollwertige Produkte relativ gut voneinander unterscheiden. Ich bemühe mich um eine gesunde, ausgewogene Ernährung und interessiere mich deshalb für neue Erkenntnisse auf diesem Gebiet. Leider schmecken aber oftmals gerade die minderwertigen Lebensmittel besonders gut und süß. Das verleitet mich dann, gegen besseres Wissen halt doch eine Schokolade, ein Stück Torte oder den Sonntagszopf mit Weizenmehl zu kaufen. Wenn es ab und zu geschieht und im normalen Rahmen bleibt, ist das nicht schlimm. Schädlich wird es aber dort, wo die minderwertigen Produkte zur Hauptnahrung werden. Da bekommen wir Mangelerscheinungen, werden geschwächt und anfällig für Krankheiten. Im Vollwertgetreide stecken eben noch viele lebenswichtige Substanzen, die unseren Organismus stärken.

Keine Angst, Sie haben nun keine Ernährungsberatungsstunde vor sich! Obwohl uns das auch sehr gut tun würde. Wenn wir hier von Minderwert sprechen, meinen wir uns selbst, unsere Minderwertigkeitsgefühle und -komplexe, unsere Selbstablehnung, Selbstverneinung und Selbstzweifel, unsere Unzulänglichkeitsgefühle und das nagende Gefühl, so wie ich bin, nicht richtig zu sein.

Minderwertigkeitsgefühle sind ein Wertproblem

Jeder Mensch hat das Bedürfnis, einen Wert zu haben, wertvoll zu sein. Meinen Wert erfahre ich aber erst durch ein Gegenüber. Ein anderer Mensch spricht mir diesen Wert zu, vermittelt es mir, dass ich für ihn von Bedeutung bin.

Normalerweise geschieht das in der Kindheit. Der kleine Säugling hört die Kosenamen, empfängt die Zuwendung und Liebe der Eltern und spürt, dass er wertvoll ist, ein wichtiges Glied in der Familie. Durch die ganze Kindheit hindurch darf und soll sich dies fortsetzen, dass ein Kind bestätigt wird in seinem Wert. Der Vater spielt gerade bei der Bestätigung der Kinder eine Hauptrolle. Er vermittelt durch sein Ja, durch seine Bestätigung und seinen echten Vaterstolz, durch die Freude an seinen Kindern, eine innere Sicherheit, das Bewusstsein, in dieser Welt willkommen zu sein.

Der Wert eines Kindes besteht nicht in seinem Bravsein, im Herzig- oder Hübschsein, in guten Schulnoten, in seiner Mitarbeit im Haushalt oder der Familie. Der Wert besteht in seiner Person, einfach weil es ist, weil es da ist, weil es unser Kind ist, dem wir unsere Liebe schenken.

Es ist sehr wichtig, diese Unterscheidung zu machen, weil wir so oft nur die guten Taten lobend anerkennen und wert schätzen. Das erzeugt im Kind die Meinung: Wenn ich mich anstrenge, etwas leiste, dann bin ich recht, dann habe ich Wert. Wenn ich Fehler mache, versage, dann bin ich nicht recht, wertlos.

Der Selbstwert eines Kindes entwickelt sich über die empfangene, erlebte Bejahung und Bestätigung durch die Familie, durch Freunde, in der Schule, in der Lehre. Das Kind nimmt den Wert auf und an, den man ihm gibt. Es macht die Sicht anderer zu seiner Sicht. Das hat Konsequenzen für das ganze Leben. Ablehnung oder ein Mangel an Bestätigung und Wertschätzung kann in einem Menschen einen großen Hunger nach Anerkennung hinterlassen, den man ständig zu stillen versucht. Aber weil dieser Hunger wie ein Fass ohne Boden ist, reicht es einfach nie aus, um genügend Bestätigung zu geben, die dann wirklich reicht.

Oft ist ja ein unheimlicher Kreislauf in Gang: Man versucht sich die Anerkennung durch gute Leistungen und Anstrengungen zu holen. Wenn man das Lob dann erhält, glaubt man es nicht, dass es wirklich ehrlich gemeint ist und mir gilt, man weist es also innerlich wieder zurück, entwertet die Bestätigung. Damit vergrößert sich wieder das innere Loch mit der verzweifelten Bemühung nach Anerkennung, die uns antreibt, irgendetwas Besonderes zu tun, um die so sehr ersehnte Bestätigung zu erhalten.

Aber ein Fass ohne Boden ist schwer zu füllen. Was man auch hineingießt, es versickert immer wieder. Ich bin mir meines Wertes nicht sicher. Ich misstraue mir selbst, und ich misstraue anderen in dem, was sie über mich sagen.

Sage mir, was du über dich denkst,

und ich sage dir, wer du bist!

Eine Bekannte, die ich seit der gemeinsamen Schulzeit kenne, hat Verkäuferin gelernt. Ihr Lehrmeister war ein nörglerischer, unzufriedener Mann, der ihr mit und ohne Worte täglich zu spüren gab: »Du bist nichts und aus dir wird nichts.« Sie durchlitt diese Lehrzeit und hat als bleibende Erinnerung eine tiefe Verunsicherung mit ins Leben genommen. Obwohl sie heute eine tolle Frau ist, die ihr Leben meistert, schlagen doch die alten Erfahrungen und Verletzungen immer wieder durch. Sie hatte die Worte ihres Chefs angenommen und geglaubt und in ihrem Inneren gespeichert. So bricht ab und zu die Klage aus ihrem Herzen: »Siehst du, ich tauge einfach zu nichts. Ich bin nichts und aus mir wird nichts.« Dieses negative Denken über sich selber macht es ihr unmöglich, vorwärts zu gehen. Trotz guter Weiterbildung getraut sie sich nicht, beruflich etwas zu wagen. Sie denkt zu klein von sich und kann das einfach nicht korrigieren.

Falsches Denken über sich selber ist ein häufiger Verursacher von Minderwertigkeitsgefühlen. Wir haben kein normales, stimmiges Realbild, sondern ein kleines, verzerrtes Bild, das mutlos und verzagt macht. Wir sagen uns selbst: »Das kann ich nicht, dazu bin ich nicht fähig, andere sind besser, ich enttäusche nur, mit mir ist sowieso nichts los, ich weiß nichts dazu zu sagen ...«

Was wir über uns selber denken, bestimmt uns. Wir bleiben wie gelähmt in den Fängen unseres Selbstbildes und kommen kaum davon los.
Durch das, was wir über uns selber denken, entsteht in uns ein Selbstbild, so nehme ich mich wahr. So meine ich zu sein und auf andere zu wirken. Es entwickelt sich eine Negativ-Programmierung, die uns ständig Befürchtungen einredet, die scharf registriert, wie unsere Mitmenschen auf uns reagieren. Wir nehmen ja auch unsere Umwelt durch dieses Selbstbild hindurch wahr. Wir interpretieren die Ereignisse auf dem Hintergrund

unseres Selbstbildes.
Da hat uns doch gestern die Nachbarin nicht gegrüßt. Sofort geraten wir ins Grübeln und überlegen uns, was wir wohl falsch gemacht haben. Wir sind verunsichert, ziehen uns zurück und die Situation wird komisch. Eine andere Situation: Frau Müller erzählt im Gottesdienst ein Erlebnis. Da steht einer der Ältesten auf und verlässt den Saal, er muss kurz auf die Toilette. Frau Müller meint, sie habe wahrscheinlich etwas Unpassendes gesagt, sie verspricht sich, wird zunehmend ängstlicher und geht in Tränen aufgelöst zu ihrem Platz zurück.

Unsere Selbstgespräche verraten
unsere Meinung über uns selbst

Haben Sie schon einmal bewusst wahrgenommen, was Sie zu sich selber sagen, wenn Sie allein sind? Einige typische Sätze heißen: »Dummes Huhn«, »immer ich«, »bei mir funktioniert's natürlich wieder nicht«, »typisch du«, »ich bin zu blöd«, »ich hab's ja gewusst, dass es nicht geht«. Es ist aufschlussreich, wenn man solche Sprüche ins Bewusstsein holt und anschaut. Will ich das weiterhin so denken und sprechen?
In der Bibel (4. Mose 13, 33) habe ich ein Beispiel dazu gelesen, das mich beeindruckt. Mose hatte zwölf Männer ausgesandt, die das Land Kanaan erkunden sollten. Als sie zurückkamen, berichteten sie von dem, was sie gesehen hatten und zehn von ihnen verbreiteten durch ihr Erzählen Angst und Schrecken vor Kanaan unter den Israeliten. Sie sagten: »... *wir waren in unseren Augen wie Heuschrecken und waren es auch in ihren*

Augen.« Die Meinung, die wir von uns selber haben, schieben wir auch den anderen in die Schuhe. Wir projizieren unsere Sicht und Angst in sie hinein. Wir erwarten, dass sie das Gleiche von uns denken und reden, wie wir selber. Damit manipulieren wir sie sozusagen in diese negative Sicht hinein und fordern sie unbewusst heraus, genau dies zu tun, was wir befürchtet haben.

Gott hat den zehn Kundschaftern diese kleinmütige Sicht nicht durchgelassen. Er sagte: »*Sie haben ein böses Gerücht aufgebracht...*« (4. Mose 14, 37). Sie hatten Entmutigung und Verzagtheit ausgesät durch ihre falsche Sicht und mussten dies mit ihrem Leben bezahlen. Was war denn daran so schlimm und falsch, dass Gott sie so bestrafen musste? War ihre Sicht wirklich so unrealistisch gewesen?

Sie waren mit ihrem Denken und Reden bei sich selber stehen geblieben, bei den nur rein menschlichen, rationalen Überlegungen und Erfahrungen, bei ihren Unmöglichkeiten und Unsicherheiten. Gottes Möglichkeiten und Absichten, seine Hilfe, Kraft und Größe waren kein Thema.

So äußert sich der Unglaube. Mit einem ungläubigen Herzen konnte man das Land Kanaan nicht einnehmen.

Meine eigene Meinung über mich selber gleicht vielleicht dieser »Heuschrecken-Sicht«. Ich sehe mich so und vermute, dass die anderen mich auch so beurteilen. Es wirkt demütig, das Gegenteil von Stolz und Überheblichkeit. Könnte es, wie bei den Kundschaftern, auch Unglaube sein? Ein Unglaube, der sich weigert, die eigene Kleinheit und Schwäche anzunehmen und mutig mit Gottes Beistand und Stärke zu rechnen? Menschen, die meinen, sie müssten mehr bieten und sein, als sie sind, sich ihrer selbst schämen. Schaut da nicht der Stolz unter dem demütigen Gewand der minderwertigen Meinung über mich selber hervor? Der Stolz möchte selbst groß sein, selber etwas bieten, unabhängig sein von Gottes Hilfe.

Was und wie wir reden, offenbart unsere innere Gesinnung. Wir säen durch unser Reden eine Saat, die aufgehen und Frucht bringen wird. Das gilt auch für unser Reden über und zu uns selbst. Die Sprache des Unglaubens hat negative, zerstörende Konsequenzen. Es lohnt sich sehr, das zu bedenken und dafür um Vergebung zu bitten.

Eigene Versuche, die Minderwertigkeit zu überwinden

Was machen kleine Kinder, wenn sie größer scheinen möchten, als sie sind? Sie strecken die Hände hoch, um größer zu wirken oder stellen sich auf die Zehenspitzen. Sich selber etwas größer darzustellen gelingt uns Erwachsenen auch mit ganz verschiedenen Methoden.

Angeben und Übertreiben ist ein Mittel, das gerade auch von Kindern und Jugendlichen öfter benutzt wird. Angeben mit den neuesten Computerspielen, den teuersten Marken-Sportschuhen, dem elegantesten Snowboard, dem härtesten Film, den man cool gefunden hat. Ich erinnere mich gut daran, dass ich als Schülerin in der 1. Klasse den Mitschülern fantasievolle Geschichten über mich selber erzählte, wie zum Beispiel, dass ich den

1. Preis gewonnen hätte bei einem, damals sehr bekannten Kinderzeichnungswettbewerb der Persil-Waschmittel. Rückblickend kann ich mir dies nur mit meinen ängstlichen Unterlegenheitsgefühlen erklären. Es war mein kindlicher Versuch, auch jemand zu sein und etwas zu können, um dadurch Beachtung zu finden.
Bei Erwachsenen werden die Prestigegegenstände größer und teurer, sei es ein teures Auto oder eine große Reise, die neueste Digitalkamera oder schicke Kleider. So nach dem Motto: »Hast du was, dann bist du wer.«

Untertreiben ist das Gegenteil, aber mit der gleichen Zielsetzung: Man sucht die Bestätigung anderer. Wer sich schlechter darstellt, als er in Wirklichkeit ist, fordert die anderen damit heraus, ihn wieder ins rechte Licht zu rücken. »Das kannst du doch, da bist du gut.« Wehe, wenn die aufbauende Korrektur der Selbstdarstellung dann aber nicht kommt! Da reagiert man sehr verletzt und beleidigt.
In einer Vorbereitungsstunde für unsere Jugendgruppe in der Gemeinde sagte ich einmal: »Ich habe einfach so eine schlimme Handschrift ...« Worauf eine Mitarbeiterin sagte: »Ja, das habe ich auch schon gedacht.« An meiner beleidigten Reaktion merke ich, dass ich meine Handschrift eigentlich schön empfand und durch meine Untertreibung eben eine Bestätigung suchte.

Perfektionismus ist eine weitere Falle, in die wir treten durch den Wunsch, uns selber besser und schöner darzustellen. Ich versuche alles möglichst fehlerlos und perfekt zu machen, damit keine Schwäche und Blöße nach außen hin sichtbar wird. Ich umgebe mich dadurch mit einem Panzer, der mich unangreifbar macht für andere. Bei mir gibt es nichts zu bemängeln, nichts zu korrigie-

ren. Ich erwarte die Bestätigung, dass ich alles gut und richtig mache. An mir kann's nicht liegen, wenn es nicht gut geht bei der Arbeit oder in den Beziehungen.
Perfektionisten stehen unter einer hohen Selbstkontrolle und mühen sich oft sehr ab mit ihrem Leben. Was wäre es doch für sie eine Erlösung, wenn sie ihr perfektes Bild loslassen und sich auch Schwächen zugestehen könnten. Aber die Angst, sich selbst so mangelhaft erkennen zu müssen, die Angst, dann abgelehnt zu werden, ist oft riesengroß.

Tüchtigkeit und Leistung sind häufig gewählte Muster, um sich selber zu bestätigen und die selbst empfundene Minderwertigkeit abzustreifen. Ich beweise mir und den anderen, dass ich etwas kann. Ich hole mir die Anerkennung anderer auf dem Weg harter Arbeit, Einsatz und Fleiß und aus dem Erfolg, der daraus entsteht.
Meine Selbstachtung basiert häufig ebenfalls auf diesem erreichten Erfolg. Solange ich etwas leisten und arbeiten kann, bin ich mit mir selber zufrieden, stimmt mein Bild, das ich von mir selber haben und abgeben möchte. Wenn ich dann aber pensioniert oder plötzlich krank werde, schmilzt mein Wert dahin, wie Schnee an der Sonne.

»Pleasen« ist eine angenehme Form, seine Minderwertigkeit zu verstecken und sich bei anderen beliebt zu machen. Das Wort stammt vom Englischen »bitte« und drückt ein Gefälligsein, ein Nettsein aus. Es bewirkt ein freundliches »Ja, bitte-Sagen«, das möglichst niemandem in die Quere kommen möchte und möglichst keine Konturen aufweisen will, an denen sich andere reiben oder aufregen könnten. »Pleaser« geben allen ringsherum Recht und richten sich selber nach der Meinung anderer.

In der Lebensmitte erwacht bei »Pleasern« oft erst der tiefe Wunsch, aus diesem Gefälligsein auszusteigen und echter, wahrer zu werden.

Die Motivation zu **großer Hilfsbereitschaft** kann in Minderwertigkeitsgefühlen liegen. Durchs Helfen diene ich anderen, bekomme ich für sie einen Wert. Sie sind auf mich angewiesen. Ich erhalte über meine Hilfstätigkeiten Liebe und Anerkennung, echte Wertschätzung und kann meinen inneren Hunger damit stillen.
Heute wird in der Ausbildung zu sozialen Berufen Wert darauf gelegt, dass keine »Helfersyndrome« ausgelebt werden über den Hilfsberuf. Das ist wichtig und gut, damit nicht ein Missbrauch entsteht – Helfer, die Opfer brauchen zur Betreuung, damit sie ihren eigenen Wert daran aufbauen können.
Aber man muss auch aufpassen, dass durch mögliche falsche Motivationen nicht alle Hilfsbereitschaft verdächtigt wird. Unser Miteinander lebt ja mit vom spontanen, selbstlosen Helfen und gegenseitigen Dienen.

Rückzug kann ebenfalls mit Minderwertigkeit zusammenhängen. Ich will mich niemandem zumuten, will mich nirgends aufdrängen. Wer mich näher kennen lernt, wird dann doch nur enttäuscht sein. Darum gehe ich besser auf Distanz. Und doch lebt bei vielen die leise Hoffnung, dass jemand die Distanz durchbricht und nahe kommt.

Rechthaberei und Kritiksucht können ebenfalls ihre Wurzeln in der Minderwertigkeit haben. Es ist so eine »ich-bin-besser-als-du«-Haltung, die es nicht ertragen kann, im Unrecht zu sein, weniger zu sein. Darum werden andere verbal angegriffen, kleiner gemacht, wird um das Rechthaben gestritten. Im Grunde steckt auch hier die Angst, meinen Wert zu verlieren, ein Nichts zu sein, wenn mein eigenes Klein- und Geringsein zum Vorschein käme.

Wir könnten hier noch weitere Möglichkeiten aufzählen, den Minderwert zu kompensieren, zu überdecken oder überwinden. Es sind Arten von Selbstheilungsversuchen mit den Mitteln, die den betreffenden Menschen in ihrer Art möglich sind und zur Verfügung stehen. Es ist nichts Böses dabei, wenn man das so versucht. Aber die, die den Wert auf diesem Wege holen, merken bald einmal, dass dieser Weg »Nebenwirkungen« hat, schädliche Auswirkungen auf die Beziehungen, auf die eigene Seele oder die Gesundheit. Von Heilung kann in dem Sinne also keine Rede sein. Im Gegenteil: Wir bleiben stecken in einer Selbsttäuschung, in einer Lüge über uns selbst.

Was uns zum Vollwert hilft:

Mich selber annehmen

Romano Guardini, ein bekannter katholischer Theologe und Philosoph, schrieb im Aufsatz »Die Annahme seiner selbst«: »*An der Wurzel von allem liegt der Akt, durch den ich mich selbst annehme. Ich soll damit einverstanden sein, der zu sein, der ich bin. Einverstanden, die Eigenschaften zu haben, die ich habe. Einverstanden, in den Grenzen zu stehen, die mir gezogen sind. Die Klarheit und Tapferkeit dieser Annahme bildet die Grundlage allen Existierens.*«
Es braucht Mut, echte Demut, sich selber anzunehmen.

Aufzuhören, sich mit anderen zu vergleichen, ein schönes Idealbild von sich selbst im Herzen zu haben und – weil das Idealbild unerreichbar ist –, darum mit sich unzufrieden zu sein. Ja, vielleicht sogar in innerer Rebellion, sprich Selbstablehnung, zu leben. Die Rebellion kann auch gegen Gott gerichtet sein. Gott ist schuld. Er hätte mich anders machen können.

> **Mich selber annehmen heißt:**
> **Ja-sagen dazu, dass ich ein Mensch bin**

Mensch sein heißt zugleich auch: Sünder sein. Der Mensch, das wunderschöne Ebenbild Gottes, wie es nach der Schöpfung im Paradies noch war, wurde von der Sünde entstellt. Seither ist unser Wertbewusstsein gestört. Wir beziehen unseren Wert nicht mehr über Gott, aus der direkten Verbindung und Bestätigung zu Ihm, zur Quelle des Lebens. Wir suchen die Selbstbestätigung durch die vorher aufgeführten Versuche, die letztlich dem tiefen Mangel nie ganz abhelfen. Solange wir den Selbstwert nur aus einem gestärkten Selbstbewusstsein zu holen versuchen, bleiben wir unsicher.

Mensch sein heißt: Ich habe die Befreiung aus der Selbstumdrehung nötig. Ich brauche einen, der mich wieder zurückbringt zur Lebensquelle, der mir einen bleibenden Lebenswert schenkt, unabhängig davon, was ich bin, leiste und tue.

Dieser Eine heißt Jesus Christus. Durch ihn haben wir eine neue Lebensmöglichkeit, weil der Glaube an ihn das Ende ist von allen Selbstbemühungen, unser Leben zu verbessern. Jesus nimmt uns so an, wie wir sind, so begrenzt, so sündig und fehlerhaft, so lieblos und unmöglich und vergibt uns unsere Schuld. Er bietet uns Anteil an seinem Leben an und sagt: Ich stelle mich an deine Seite, mein Leben ist dein Leben. Du hast Wert durch mich. Du genügst in mir. Meine Liebe wohnt in dir.

Glauben heißt: Mich nicht mehr auf mich selbst verlassen und alles selber bieten müssen, sondern mich auf Jesus Christus verlassen und in Anspruch nehmen, was er für mich getan hat.

Das gibt unserem Wert einen festen Boden, auf dem wir stehen und uns darauf berufen können.

Mich selber anzunehmen fällt mir leichter, wenn ich begreife, dass ich bereits vollständig, so wie ich bin, von Gott angenommen bin. Ich bin eine Angenommene! Über meinem Leben, meinem Dasein und Sosein steht Gottes uneingeschränktes, ganzes JA zu mir. Gottes Wunsch, mich anzunehmen war so groß, dass er seinen Sohn Jesus hineingab in die Welt und ihn am Kreuz für mich sterben ließ, damit für mich ein Weg frei wurde, zurückzukehren und in Gott meinen himmlischen Vater zu erkennen, der mich liebt.

Mich selber annehmen heißt:
Ja-sagen zum Schöpfungswerk Gottes mit mir

Ich bin nicht durch Zufall entstanden und bin auch nicht nur das Produkt der Gene meiner Eltern. Ich bin ein Gedanke Gottes, eine Frau, die von Gott geschaffen und gewollt ist.

In Psalm 139, 13–16 spricht David diese tiefen Gedanken aus: »*Du hast mich geschaffen – meinen Körper und meine Seele, im Leib meiner Mutter hast du mich gebildet. Herr, ich danke dir dafür, dass du mich so wunderbar und einzigartig gemacht hast! Großartig ist alles, was du geschaffen hast – das erkenne ich! Schon als ich im Verborgenen Gestalt annahm, unsichtbar noch, kunstvoll gebildet im Leib meiner Mutter, da war ich dir dennoch nicht verborgen. Als ich gerade erst entstand, hast du mich schon gesehen. Alle Tage meines Lebens hast du in dein Buch geschrieben – noch bevor einer von ihnen begann!«* (Hoffnung für alle)

Nicht wahr, wenn man diese Worte ins Herz hinein nimmt, hält man ehrfürchtig staunend den Atem an. Ich – geformt von Gott! Eine einmalige, einzigartige Persönlichkeit mit dem Prädikat versehen: kostbar, wertvoll, schön gemacht, auserlesen!

Was gibt mir das Recht, diese Person abzulehnen, zu verneinen? Und könnten die verschiedenen Schönheitsfehler, die ich an mir bemängle, dann nicht einfach die »Unikatsmerkmale« sein, die mich von anderen unterscheiden? So, wie sich eine originale Handarbeit eben von einer fabrikmäßig gearbeiteten Serienware unterscheidet.

Gott, unser Schöpfer lädt uns ein, auch zu uns selbst, zu unserem Aussehen, unserem Leib, unseren Gaben und Grenzen, unserer seelischen und geistigen Konstitution Ja zu sagen, uns so anzunehmen, wie wir sind. Manchmal ist die Versöhnung mit uns selbst einer der schwersten, aber auch bedeutungsvollsten Schritte in wahres, echtes Leben hinein.

Mich selber annehmen heißt:
Ja-sagen zu meiner Lebenssituation

Wir konnten uns die Lebensumstände, in die wir hineingeboren worden sind, nicht aussuchen. Es war einfach so, und wir mussten uns arrangieren. Da kann auch eine gehörige Portion Zorn oder Rebellion in uns aufkommen, wenn wir an unserem Elternhaus gelitten haben, Fehlprägungen spüren, an denen wir bis heute zu nagen haben. Wir hören hie und da den Satz: »Dass ich heute so ein Gefühlskrüppel bin, hängt halt mit den Erfahrungen aus meiner Kindheit zusammen.«
Das tut weh, und es ist eine Herausforderung und große Aufgabe, sich den Fehlprägungen zu stellen und daran zu arbeiten.
Wie es auch war, wichtig ist, dass wir den Menschen, an denen wir gelitten haben, durch die wir falsche Prägungen erhalten haben, vergeben. Wir dürfen unseren Schmerz und unser Leid laut vor Gott klagen. Aber auch vor ihm sagen, dass wir diese Menschen entlassen aus unseren Vorwürfen und Anklagen, weil Gott die Schuld übernimmt.
Das Nachtragen und Festhalten von Schuld schadet uns selbst. Wir werden bitter und kommen nicht von den inneren Verletzungen los. Aber Gott möchte die Verletzungen heilen, uns weiterführen, verändern, erneuern. Darum ist die Vergebung ein ganz wichtiger notwendiger (die Not wendender) Schritt.

Wir leiden ja nicht nur an der Vergangenheit, auch an der Gegenwart. Unsere momentane Lebenssituation mag alles andere als einfach sein. Vielleicht sind wir mit einem (in unseren Augen) schwierigen Mann verheiratet, oder wir leben allein und leiden darunter, oder wir haben Kinder, die uns Sorgen machen. Ja-sagen zur Lebenssituation heißt nicht: die Hände in den Schoß legen und passiv zufrieden sein müssen mit unmöglichen Zuständen.

Ja-sagen heißt: Die negative Auflehnung dagegen aufgeben und das Vertrauen aufnehmen, dass Gott den Überblick über die schwierigen Situationen hat und alles im Griff behält, wenn wir es in seine Hand abgeben! Wie heißt es im schönen Lied von Johann Lindemann: »Du hast's in Händen, kannst alles wenden, wie nur heißen mag die Not ...«

Mich selber annehmen heißt:
Mich nicht mehr schämen über mich

Es ist wohl fast in jedes Leben Scham gekommen über Dinge, die wir nicht gut gemacht haben. Situationen, in denen wir versagt haben und schuldig wurden. Dass da im Schulzeugnis ungenügende Noten waren, oder die Bemerkung »schwatzhaft« oder »unordentlich« stand, dass wir bei der Abschlussprüfung eine Stunde lang voller Angst vor dem leeren Blatt saßen und die Aufgabe einfach nicht verstanden, dass wir in einer Überforderungssituation unsere eigenen Kinder geschlagen haben und davongelaufen sind – all das erfüllt uns mit tiefer Scham.

Die erlebte Armut im Elternhaus, die Alkoholsucht der Mutter, die Arbeitslosigkeit des Mannes, das sind Schamerfahrungen, die in unser Herz eingebrannt sind. Es sind

alles Situationen, die eine gesellschaftliche Ächtung vermitteln. Wir empfanden uns als verachtet.
Scham bringt uns in Selbstverachtung. Sie hält uns fest im alten Denken über uns. Wir getrauen uns dann nicht mehr, etwas Neues zu wagen und zu denken über uns. Wenn eine Anfrage für eine besondere Aufgabe an uns gerichtet wird, denken wir: »Ich doch nicht, wer bin ich schon, wenn die mich kennen würden ...«

Die prophetischen Worte des Jesaja (53, 3–5) über Jesus bringen Heilung und Frieden in diese Situationen, in denen wir Verachtung erlebten und uns über uns selber schämen. *»Er war der Allerverachtetste und Unwerteste, ... und lud auf sich unsere Schmerzen, ... die Strafe liegt auf ihm, auf dass wir Frieden hätten und durch seine Wunden sind wir geheilt.«*
Heilung schafft neue Lebensmöglichkeiten und -erfahrungen!

Den Wert glauben und annehmen, den Gott mir gibt

Gottes Sehnsucht und Absicht war, von Anfang der Schöpfung bis zum heutigen Tag mit den Menschen in lebendiger, herzlicher Beziehung zu leben, mit ihnen zu kommunizieren, sie teilhaben zu lassen an seinem Auftrag. Der Mensch ist nach Gottes Bild geschaffen, um ein Gegenüber Gottes zu sein, um Freund Gottes zu sein. Wenn ich mir dies so vor Augen stelle, kann ich einigermaßen ahnen, welch großen Schmerz es für Gott bedeutet hat, als die Sünde diese Beziehung und Freundschaft zerstörte.

Gott hat nicht aufgegeben mit seiner Suche und Sehnsucht nach uns Menschen. Darum hat er durch Jesus diesen Weg geschaffen, dass wir in diese ursprüngliche Gemeinschaft mit Gott zurückkehren dürfen und wieder in Gemeinschaft und Freundschaft mit dem Vater im Himmel leben dürfen. Durch den Glauben an Jesus stellt der Vater im Himmel sein Bild in uns wieder her und gibt uns Anteil an seinem Geist. Der Geist des Vaters und des Sohnes wohnt in uns, lebt in uns, redet in uns.

Der Apostel Paulus sagt es uns in Römer 8, 15–17 so: *»Weil sein Geist in uns lebt, sagen wir zu Gott: ›Abba! Vater!‹ Und Gottes Geist bestätigt unserem Geist, dass wir wirklich Gottes Kinder sind. Wenn wir aber Gottes Kinder sind, dann wird uns Gott auch schenken, was er seinen Kindern versprochen hat. Er will uns das Leben in Herrlichkeit schenken, das er Christus gegeben hat.«*
(Gute Nachricht)

Ich muss mir also nicht mehr selber einen Wert verschaffen durch alle möglichen Anstrengungen. Ich habe einen Wert geschenkt erhalten von Gott, ich bin wertvoll in seinen Augen. Er spricht mir diesen Wert zu.
Stellen Sie sich ein Geldstück vor ohne Prägung. Es hat dann nur den Eigenwert, also den Gewichtswert des Materials, sei es Gold, Silber oder Metall. Aber nun wird die Wertprägung darauf gepresst. Das verändert den Wert total! Jetzt erst wird es wertvoll!
Gott prägt mein Leben mit seinem Wert, und ich bin damit für ihn sehr kostbar.

Es ist meine Entscheidung, ob ich den Wert, den Gott mir gibt, annehmen will, mir zu eigen machen will. Es hat große Auswirkungen auf das Verhalten mir selber und anderen gegenüber, wenn ich mich mit diesem Vollwert betrachte, den Gott mir gibt.

Vielleicht bekommt nun aber jemand Angst und denkt: Wird da nicht Hochmut gezüchtet, eine völlig übertriebene Sicht von sich selber? Gott liebt doch die Demütigen, und nun sollen wir plötzlich so viel von uns selber halten. Nein, keine Angst, es ist eben gerade nicht der Eigenwert und Selbstwert, der aufgeblasen und gestärkt wird, es ist das Bewusstsein des Wertes, den wir von Gott her geschenkt erhalten. Es heißt, dass wir uns so sehen lernen, wie Gott uns sieht. Wir gewinnen damit ein realistisches Bild über uns selber – aus der Perspektive Gottes. Paulus schrieb den Korinthern von sich selbst: **»Durch Gottes Gnade bin ich, was ich bin«** (1. Kor 15, 10). Das wird auch deutlich bei dem Erlebnis, das ich von Billy Graham las, als er an einer großen Evangelistenkonferenz in Amsterdam teilnahm. Während der Frage- und Antwortstunde mit Billy Graham rief ein Afrikaner: »Billy, wenn Sie nicht ein Weißer und Amerikaner wären, wo wären Sie dann heute?« Es wurde ganz still im Saal, weil alle spürten, wie provokativ die Frage gemeint war. Seine Antwort kam ohne zu zögern, liebevoll und bestimmt: »Was ich bin, das bin ich durch die Gnade Gottes.«

Ja, ich bin wertvoll. Aber mein Wert ist Geschenk von Gott. Darum muss ich mir nichts darauf einbilden, darum hebt mich das nicht ab von den anderen. Ich lebe als vollwertiges Glied in der Familie, Gemeinde, Gesellschaft – ganz gleich, wie meine Stellung oder Tätigkeit auch aussehen mag.

Ich kann mir etwas leisten und es genießen, oder verzichten – mein Wert bleibt. Ich kann verheiratet, ledig oder geschieden sein – mein Wert bleibt, unabhängig vom Stand, den ich habe. Ich mag hübsch oder hässlich sein, dick oder dünn, intelligent oder dumm – ich bin und bleibe wertvoll, unabhängig davon, was ich selber, oder was andere Menschen über mich denken.

Als vollwertige Frau etwas zu sagen haben in der Welt

Wer hat in unserer Welt und Zeit etwas zu sagen? Wenn wir die Meinungsmacher in den Medien fragen, dann finden vor allem wortgewaltige Politiker, reiche Adlige, einflussreiche Geschäftsleute und Akademiker, schöne oder sexbombige Filmidole, schnelle, starke Leistungssportler eine Beachtung. Sie sind die Zugpferdchen, sie haben etwas zu sagen, auf sie wird gehört, sie setzen die Trends.
Was haben wir als gewöhnliche Alltagsfrauen zu bieten, auch wenn wir unseren Vollwert von Gott glauben? Wie bringen wir den anderen bei, dass wir wertvoll sind?

Es wird ja eher selten der Fall sein, dass wir in der Öffentlichkeit die große Plattform finden. Aber indem wir uns selber ernst nehmen, zu unserer Meinung stehen lernen, können wir an dem Platz, wo wir stehen, in den Gremien, in die wir berufen werden, unseren Einfluss geltend machen und uns einbringen. Wir bringen ja nicht einfach nur unsere Meinung ein. Wir bringen Gottes Gedanken, die wir im vertrauten Umgang mit Gott gehört und verstanden haben, mit. Wir sind als vollwertige Frauen auch Botinnen Gottes, die seine Maßstäbe geltend machen, seine Liebe bezeugen. Wir sind auserwählte, geliebte, heilige Frauen (Kol 3, 12), die ihre Autorität von Gott erhalten und in ihre Umgebung hineinwirken, die mithelfen zur Umgestaltung, zur Veränderung, zum Guten hin.

Der Platz, wo wir wirken, mag äußerlich ein begrenzter Rahmen sein. Vielleicht in der Familie oder als ältere Witwe, als allein stehende Frau, im noch engeren Kreis. Aber wenn wir den Raum mit Gott zusammen einnehmen und gestalten, kann daraus ein blühender Garten, etwas Großes werden! Gott sprengt immer wieder die engen Rahmen und führt in die Weite! Aber erst dann, wenn wir einüben, ausprobieren, wachsen konnten im kleineren Bereich.

Ich erlebe mit, wie Gott Frauen in Aufgaben hineinberuft, wo er ihnen in der Gemeinde große Aufgaben zumutet. Anderen überträgt er die Aufgabe, in und durch Fürbitte Reichgottesgeschichte mitzugestalten, er vertraut ihnen Menschen, Dörfer, Länder, Regierungen an, für die sie einstehen.

Frauen mit Vollwert werden mutig, sich hineinzugeben in Gottes Pläne und Land einzunehmen für Gott, weil ihre Sicherheit, ihr Vertrauen nicht in ihren Fähigkeiten und Auszeichnungen liegen, sondern in Gott, der sie berufen und mit diesem kostbaren Wert ausgezeichnet hat.

Spieglein, Spieglein in der Hand, wer ist die Beste im ganzen Land?

Sicherlich kennen Sie das Märchen von der bösen, schönen Stiefmutter und von Schneewittchen. Die allerwichtigste Frage für die Stiefmutter hieß täglich: »Spieglein, Spieglein an der Wand, wer ist die Schönste im ganzen Land?« Und welch ein Schreck, als der Spiegel eines Tages antwortete: »Frau Königin, du bist die Schönste im ganzen Land, aber Schneewittchen hinter den sieben Bergen bei den sieben Zwergen ist noch tausendmal schöner als du.« Und damit, dass eine Schönere existierte, war die zerstörende Eifersucht geweckt, die ihre Konkurrentin zu beseitigen versuchte.

Ich habe nun eine andere Variante eingesetzt: »Wer ist die Beste im ganzen Land?« Das ist für uns wahrscheinlich bedrohender als die Schönste. Oder wir könnten auch andere Worte einsetzen wie: »Wer ist die Gescheiteste, die Frömmste, die Kreativste, die Reichste im ganzen Land?«

Wir stellen solche Fragen natürlich nicht laut und nicht so direkt und plump. So viel Anstand haben wir ja allemal. Aber unser Herz kennt diese Fragen sehr wohl, und unser Herz beobachtet die Menschen um uns herum ganz genau und realisiert und registriert, wie andere mit uns umgehen, sich uns gegenüber verhalten. Wir vergleichen uns mit den anderen. Dahinter verbirgt sich ja die Angst, die anderen werden uns vorgezogen, sind beliebter, bekommen das größere Stück Kuchen, und

wir, wir bleiben zurück, werden kaum wahrgenommen, werden übergangen oder abgelehnt.
Wir sind weniger wert als die anderen. Wir können es offensichtlich nicht so gut und schön wie die anderen.

Einige Beispiele: Frau Müller kommt plötzlich nicht mehr in die Gebetsstunde. Ihre Begründung dafür: »Wenn die anderen beten, sagen die meisten laut ›Amen‹, aber bei mir fast keiner. Offensichtlich bete ich nicht richtig. Darum komme ich lieber nicht mehr.«

Bei der Wahl in den Gemeindevorstand wurde Frau Meier nicht gewählt. Ihr wurde eine jüngere Frau vorgezogen. Frau Meier scheint es gelassen annehmen zu können, aber plötzlich sieht man sie kaum mehr im Gottesdienst. Sie ist beruflich so stark beansprucht, dass sie einfach nicht mehr kann.

Eine Mutter mit vier schulpflichtigen Kindern streitet sich täglich mit ihren Kindern herum, ärgert sich, dass sie so ungern mithelfen und ständig nur fordern. Sie leidet an der Überforderung. Bis sie plötzlich merkt: In meinem Herzen wohnt ja Neid. Ich bin neidisch auf meine Kinder, weil die es heute so schön haben und ich selber in meiner Kindheit so viel helfen musste. In ihrem Herzen hatte sich der Satz festgesetzt: Immer »muss« ich, die andern »müssen« viel weniger als ich, die haben es schöner...

Im Anbetungs-Team spielt ein junges Mädchen Panflöte. Die Leute finden das so schön und machen ihr nach dem Gottesdienst Komplimente. Sie kommt mit ihrem Flötenspiel und ihrer freundlichen Art einfach gut an. Ihre Freundin hat ebenfalls mitgespielt, auf der Gitarre. Aber

Gitarre ist halt nichts Besonderes mehr und findet deshalb keine so große Beachtung. Im Herzen dieses Mädchens entbrennt ein heftiger Kampf, sie wird so eifersüchtig auf ihre Freundin, dass sie die Freundschaft beenden will.

Jeder Mensch hat seine besonderen Gefährdungen, wo der Zaun nieder ist und sich Neid, Eifersucht, Rivalität über ihn hermachen können.

Das kann sich beim einen ums schöne Haus, den tüchtigen Mann, die wohlgeratenen Kinder, den guten Beruf, die tolle Stelle handeln – oder eben um Beliebtheit, um geistliche Gaben, um eine Anfrage zur Mitarbeit, um eine Leitungsaufgabe. Meistens richtet sich die Eifersucht auf Dinge, die uns sehr wertvoll erscheinen, die wir eben auch gerne hätten. Wer die WCs putzt in der Kapelle wird sich nicht gegen allzu viele Neider zu wehren haben.

Gott sagt in seinem Wort viel zu diesem Thema, weil Neid und Eifersucht eine große, zerstörende Wirkung haben in unseren Beziehungen.
In den Sprüchen (14, 30) steht: »*Eifersucht ist Eiter in den Gebeinen.*« Die Medizin bestätigt uns, dass sich eine negative Lebenseinstellung im Körper, in den Gelenken, bemerkbar machen kann.

Neid und Eifersucht zerstören Familien, Freundschaften, Hauskreise, Gemeinden: »*Denn wo Neid und Zank ist, da sind Unordnung und lauter böse Dinge*« (Jak 3,16).
Ich möchte nun aber eben nicht den Drohfinger schwingen und die Eifersucht anprangern. Es ist ein Thema, das uns alle angeht. Wir alle gehören in diese Kategorie, und

wir alle brauchen hier Hilfe. Ich auch.
Darum ist die erste Hilfe die, dass wir uns jetzt nicht voller Scham zurückziehen und uns vornehmen, uns an der Stelle wieder mehr zusammenzureißen und es ja niemandem zu sagen, dass dieser Neid in unserem Herzen sitzt. Das nützt gar nichts, im Gegenteil.

Es gibt einen neuen Weg, ein neues geistliches Reagieren in diesen Situationen. Wir holen Jesus hinein in die Situation. Denn Jesus ist uns gemacht zur Heiligung. Er heiligt und reinigt uns, wenn wir zu ihm kommen.
Die Erlösung, die Jesus am Kreuz für uns errungen hat, kommt damit immer tiefer in unser Wesen, in unsere Motive, in unser ganzes Sein. Hier geschieht die Umwandlung unseres Charakters, hier geschieht die Veränderung unseres Wesens – wir werden umgestaltet in sein Bild.

Praktisch könnte das so aussehen:
Ich nehme meine eifersüchtigen, neidischen Empfindungen wahr und frage mich: Was ist das für ein Stich in meinem Herzen? Welche Angst kommt da in mir hoch? Wo sitzt der Schmerz und wie heißt er?

Ich verurteile, rechtfertige, schäme mich nicht, sondern komme mit allem, was in mir an Aufruhr und Durcheinander ist, zu Jesus, meinem Herrn, zeige mich ihm, halte mein Herz ihm hin und vertraue, dass er genau da hineinkommt, wo ich bedürftig bin und Hilfe und Heilung brauche.
Jesus verurteilt mich nicht. Er weiß um meine verkehrte, natürliche Art zu reagieren und er wird mir genau da helfen.

Ich benenne und bekenne meine verkehrte Art zu reagieren als Sünde und bitte dafür um Vergebung. »Herr, es hat mich so verletzt, dass nur Beate gelobt wurde, und zu mir hat keiner etwas gesagt. Ich bin so eifersüchtig geworden. In mir schreit es, weil ich auch gesehen und gelobt werden möchte. Und ich merke, wie ich meine Freundin zu hassen beginne, weil sie besser ankommt bei den Leuten als ich. Herr, das tut mir Leid. Wasche mein Herz und meine Gedanken und Gefühle rein durch dein Blut und vergib mir.«

Ich löse mich bewusst und willentlich von diesem falschen Verhalten.
Vielleicht muss man sich selber leise oder laut ein »Stopp« sagen, da will ich meinen Gedanken und Gefühlen nicht mehr freien Lauf lassen, sondern ich setze ihnen etwas anderes entgegen.
»Herr, ich wende mich jetzt ganz bewusst ab von diesen eifersüchtigen Gedanken und glaube es dir, dass ich genauso wertvoll und kostbar bin wie Beate. Ich will ganz nahe bei dir bleiben und deiner Liebe zu mir trauen.«

Hingabe an Jesus bedeutet, mich Jesus hingeben, hinhalten, schenken. Das geschieht nicht nur einmal, bei der Bekehrung. Das geschieht immer wieder. Es freut Jesus, wenn wir ihn nötig haben, wenn wir bedürftig sind, ihn brauchen.

Der Apostel Paulus hat diese Wahrheit im Bild des *Ausziehens und Anziehens* im Kolosserbrief (3, 9) beschrieben:
»Denn ihr habt den alten Menschen mit seinen Werken ausgezogen und den neuen angezogen, der erneuert wird zur Erkenntnis nach dem Ebenbild dessen, der ihn geschaffen hat.« Das ist ein Lebensprozess, in dem ich es

Jesus immer wieder neu sagen darf: »Herr, da bin ich wieder, ich ziehe die alte Gewohnheit des Neides aus und ziehe dich an mit deinem Ja zu mir, mit deiner Liebe.« Da kann Jesus immer mehr den Raum in mir ausfüllen und in mir Gestalt gewinnen.

Es geht aber nicht nur darum, dass ich nicht mehr in die Eifersuchts- und Neidfalle trete, also ums Vermeiden des Bösen. Wir dürfen noch einen Schritt weitergehen zum Tun des Guten, indem wir den anderen neben uns Raum geben zur Entfaltung ihres Lebens, sie fördern, ihnen helfen, sie wachsen sehen können und uns mitfreuen, ohne Angst, dabei zu kurz zu kommen.
Das geht nur, wenn in uns eine innere, geistliche Freiheit wächst und wir das Wort, das Gott zu Abraham sagte: »*Ich will dich segnen, und du sollst ein Segen sein*«, auch für uns selbst ganz ernst nehmen können.

Dazu sind vier wichtige Schritte nötig:

1. Wir müssen uns selber und unseren Platz oder Stand wirklich annehmen

Menschen mit einer gesunden Selbstannahme und inneren Zufriedenheit sind nicht so anfällig für Neid und Eifersucht.
Minderwertigkeitsgefühle, Unterlegenheitsgefühle, Unsicherheit lassen uns im Kreis um uns selber drehen.
Eine Mitarbeiterin sagte mir gegenüber einmal: »Ich versuche jeden Menschen einzuschätzen, ob er mir über- oder unterlegen ist.«

Wer zu sich selber oder zu seinem Platz oder Stand nicht JA sagt, wird ständig auf andere schielen, sich mit anderen messen und sich das wünschen, was andere haben, weil es einem viel besser und schöner vorkommt als das eigene.

Wenn ich mich selber nicht annehme, wenn ich ein NEIN habe zu meinem Platz und Stand, rebelliere ich im Grunde genommen gegen Gottes Weg mit mir. Ich glaube ihm nicht, dass sein Weg mit mir gut ist. In mir sitzt Misstrauen und auch Stolz. Denn ich wäre so gerne besser, gescheiter, schöner, beliebter, reicher, mehr ... Der Stolz hat Ansprüche und meldet uns das »ungenügend« auf der ganzen Linie. Und das »ungenügend« ist wie ein Stachel im Fleisch, der uns antreibt und wieder Futter für die Minderwertigkeitsgefühle liefert.

Ich litt selber über viele Jahre unter diesem Gefühl des Ungenügendseins. Wer war ich schon, und was hatte ich schon zu bieten. Es hielt mich gefangen in Minderwertigkeitskomplexen, war ein innerer Treiber, um durch Leistung und Tüchtigkeit das wettzumachen und mir selber und anderen zu beweisen, dass ich doch jemand war.
Als ich dann endlich einmal in der Seelsorge darüber sprechen konnte, sagte die Seelsorgerin: »Jesus genügt doch in dir. Überlass doch dein Ungenügendsein ihm. Er hat dich ganz und gar übernommen, auch mit deinen Fehlern und dem, was du nicht kannst.«

Darum heißt eine überaus wichtige Frage an uns: Bist du bereit die nagenden »Ungenügend«-Gefühle wegzulegen, die hohen Ansprüche an dich selbst und dein Leben abzugeben, deine Rebellion aufzugeben und JA zu sagen zu dir selbst und zum Weg, den Gott mit dir geht?

Bei Johannes dem Täufer lesen wir etwas von der Freiheit, von Herzen und willig den zweiten Platz einzunehmen. Johannes war ein großer Zeuge, ein gewaltiger Prediger und Prophet, das Volk strömte zu ihm. Als Jesus öffentlich zu wirken begann, entstand plötzlich Konkurrenz, die Jünger des Johannes sagten: »*Meister, der bei dir war jenseits des Jordan, von dem du Zeugnis gegeben hast, siehe der tauft, und jedermann kommt zu ihm.*«
(Joh 3, 26)
Johannes konnte es ohne Neid zulassen und antworten: »*Er muss wachsen, ich aber muss abnehmen.*«

Ich bin vielleicht eben nicht die Nummer 1, nicht die, die den Erfolg erntet, der man dankt, nicht die, die man beachtet und sieht. Aber ich bin ein wichtiges Glied in der Kette. Ich bin vielleicht eine Ideenbringerin, eine Ermutigerin, eine Organisatorin, eine Stütze im Hintergrund, eine Vorbereiterin, eine, die nachher aufräumt, eine, die am Schreibtisch die schriftlichen und buchhalterischen Arbeiten übernimmt.
Ich bin für Gott mehr als sein Geschöpf. Ich bin sein Kind, seine Tochter.
Der Bäcker macht Brot. Dazu knetet er einen Teig, er formt und backt und verkauft über den Ladentisch das, was er geschaffen hat. Aber seine Kinder wird er nicht verkaufen, die haben eine völlig andere Bedeutung, einen völlig anderen Wert als das, was er mit seinen Händen gemacht hat. Seinen Kindern gilt seine Fürsorge, er liebt sie und tut ihnen Gutes, er freut sich an ihnen, sie sind sein Stolz!

Ich selber, ich als Person, bin wichtig für Gott. Auch

wenn ich nach außen, in der Gesellschaft, nichts »Besonderes« bin.

Worte wie: »Es spielt ja keine Rolle, ob ich auch dabei bin oder nicht. Mich vermisst sowieso keiner. Ich bin unbedeutend. Was hat unsereins schon zu sagen«, sind endgültig ungültig und vorbei.

Dieser lebendige, allmächtige Gott sagt sein JA zu mir. Er sieht mich, er weiß, wie's mir geht und wo ich stehe. Er liebt mich. Er freut sich über mich. Er geht mit mir einen ganz speziellen, besonderen, einmaligen Weg.

Haben Sie schon einmal Gott jauchzen gehört? In Zefania 3, 17 steht: *»Denn der Herr dein Gott ist bei dir, ein starker Heiland. Er wird sich über dich freuen und dir freundlich sein, er wird dir vergeben in seiner Liebe und wird über dich mit Jauchzen fröhlich sein.«*

2. Aus dem Vergleichen mit anderen austreten

Es gibt so eine besondere Lust, so ein schadenfreudiges oder verurteilendes Beobachten und Vergleichen, das aus der Angst des eigenen »Zu-kurz-Kommens« oder einander Missgönnens herkommt.

Jeder Mensch, jede Ehe, jede Familie hat ihre eigene Geschichte und wird wieder speziell geführt. Darum hat es keinen Wert, dass wir ständig am Vergleichen sind, beobachten, was die anderen tun, einander kontrollieren.

Ein eindrückliches Beispiel dazu steht in Johannes 21,

21. Da fragt Petrus Jesus, was denn mit Johannes geschehen wird: *»Herr, was wird aber mit diesem?« Jesus antwortet ihm: »Wenn ich will, dass er bleibe, bis ich komme, was geht es dich an? Folge du mir nach.«*
Du bist für dich selber verantwortlich, für deinen Weg, für deinen Gehorsam, für deine Nachfolge. Darum darfst du es Gott überlassen, wenn er einen anderen Weg geht mit einem anderen Menschen. Ich muss den anderen weder kontrollieren noch mich über ihn ärgern, ihn verurteilen und richten, wenn er eben anders lebt als ich.

Natürlich kommt da sofort die Frage auf nach der Verantwortung und Hilfe füreinander. Öffnen wir dann nicht der Gleichgültigkeit, dem Nebeneinander Tor und Tür? Wenn der andere mich nichts mehr angeht, dann bin ich auch nicht mehr interessiert an ihm und seinem Ergehen.
So ist es nicht gemeint. Der andere Mensch in der Familie, der Gemeinde, in der Nachbarschaft ist wirklich mein Nächster, mein Bruder, meine Schwester, die mich sehr wohl etwas angehen, an deren Leben ich Anteil nehme und sie an mir.
Aber ich bejahe, dass sie ihre eigene Geschichte und Führung haben. Ich muss mich nicht an ihnen messen, im Vergleich mit ihnen leben.
Da sind Müllers, die so viele Freunde haben. Beim 40. Geburtstag erscheint die halbe Gemeinde und feiert mit. Aber mein Geburtstag wurde offensichtlich vergessen, es kommt kaum jemand. Wenn ich jetzt im Vergleichen drin bleibe, werde ich giftig und sauer und sehr unglücklich und unzufrieden. Ich muss aus dem Vergleich austreten und sagen können: Müllers haben eine andere Art, mit anderen Menschen umzugehen. Ich will mich darüber freuen. Aber ich bin mit meiner Art auch ange-

nommen und geliebt, auch wenn ich anders bin. Ich freue mich auch über mich und danke für die Menschen, zu denen ich eine Beziehung haben darf.

Wie notvoll, schmerzvoll kann doch der ständige Vergleich sein, ob ich herzlicher oder weniger herzlich begrüßt worden bin, ob ich einen Kuss und die anderen drei erhalten haben, ob man bei meinem Beitrag geklatscht oder geschwiegen hat, ob ich speziell erwähnt worden bin bei der Danksagung oder nicht.
Austreten aus dem Vergleichen!

Oder da sind Meiers, die zwei Autos haben und nebst ihrem schönen Haus noch eine Ferienwohnung im Leukerbad. Wenn ich im Vergleichen stecken bleibe, wird es mir ständig bitter aufstoßen, wenn ich merke, dass sie schon wieder ins Wallis fahren, und wir kaum das Geld zusammenkriegen, um einmal im Jahr Urlaub machen zu können.

Es ist eigenartig, dass wir nur nach »oben« hin vergleichen, also zu denen hin, die mehr haben und sind als wir. Der Vergleich nach »unten«, zu denen, die weniger haben, erscheint uns offensichtlich nicht so begehrenswert. Es würde uns aber zufriedener und dankbarer machen, wenn es uns wieder bewusst wird, wie gut wir es haben, wie gut es uns geht, wie viel uns anvertraut ist.

3. Empfange das »reine Herz« und das »lautere Auge«

Der bekannte Therapeut Reinhold Ruthe sagte in den Seelsorgekursen: »Es spielt keine Rolle, womit der Mensch, der in die Seelsorge kommt, zu reden beginnt. Was er auch erzählt, er offenbart damit immer sich selbst.«

Wenn einem diese Tatsache einmal so richtig bewusst geworden ist, erschreckt man manchmal über sich und über andere. Mein negatives Reden über andere schwärzt somit ja nicht nur die anderen an, sondern mich selbst. Ich offenbare ja meine Gesinnung.

Wir reden, reagieren, beurteilen aus dem Innern heraus. Das Herz ist die Schaltzentrale, hier werden die Gedanken gesteuert, die Worte geformt.

Jesus sagte es so: »*Ein guter Mensch bringt Gutes hervor aus dem guten Schatz seines Herzens; und ein böser Mensch bringt Böses hervor aus dem bösen Schatz seines Herzens. Denn wes das Herz voll ist, des geht der Mund über.*« (Lk 6, 45)

Und etwas später (Lk 11, 34–36): »*Dein Auge ist das Licht des Leibes. Wenn nun dein Auge lauter ist, so ist dein ganzer Leib licht, wenn es aber böse ist, so ist auch dein Leib finster.*«

Es geht also nicht in erster Linie darum, dass wir unser Reden und Denken im Zaum behalten und uns keine neidischen und eifersüchtigen Gefühle mehr erlauben, sondern dass unser Herz von Gott in die Kur genommen wird! Sonst würden wir ja nur eine weiße Weste über das dreckige Herz ziehen. Unser Herz braucht die Reinigung durch das Blut unseres Herrn Jesus. Unser Herz braucht die Erneuerung und Erfüllung durch den Heiligen Geist. Hier werden unsere Motive geprüft und gereinigt und verändert.

Das reine Herz ist so wichtig. Erst mit dem reinen Herzen können wir uns so von Herzen mit den anderen freuen über ihren Erfolg, ihren Besitz, dass es ihnen gut geht. Mit dem reinen Herzen können wir echt und wahr mitleiden und mittragen.
Mit dem reinen Herzen hängt das »lautere Auge« zusammen. Mit den Augen nehmen wir unsere Umwelt wahr und bringen die Eindrücke mit dem Herzen zusammen. Die Augen entscheiden, was wir sehen wollen. Das Herz entscheidet, wie wir etwas anschauen wollen. Ob wir das Gute oder das Schlechte hervorheben wollen, ob wir durch unsere Beurteilung mithelfen zum Aufbau oder zur Zerstörung.

Es ist wie ein Geheimnis, etwas Tiefes, Keusches um das »reine Herz«, denn die, die reines Herzens sind, werden Gott schauen.
Aber das ist nun eben kein Drohfinger, kein Krampf, kein »pass auf« und kein »du solltest und du müsstest«, »gib dir endlich mehr Mühe«!

Gottes frohe Botschaft heißt: Lass dich beschenken mit dem reinen Herzen und dem lauteren Auge. Gib Jesus Christus neu den Raum deines Herzens, lade ihn ein. Strecke dich aus nach dem erneuerten Herzen, empfange es und lebe damit, lebe mit ihm, betrachte die Menschen, die Umwelt mit dem von Jesus erneuerten und vom Heiligen Geist erfüllten Herzen.

4. Erfüllt sein mit Liebe

Vielleicht denken Sie nun: Das sind ja alles so schöne, fromme Worte, eben fast wie im Märchen. Aber bei mir im Alltag und der Realität des Lebens, da funktioniert's nicht. Ich hab's schon einige Male versucht, aber immer wieder erkenne ich die alte Vreni.
Wenn wir es als Forderung aufnehmen und verstehen, was in Philipper 4, 5 steht: »*Eure Güte lasst kund sein allen Menschen*«, dann sind wir echt überfordert, und mit der Zeit auch frustriert und zutiefst enttäuscht. Wir können es einfach nicht und erleben zuweilen vielleicht gerade das Gegenteil in unserer Gemeinde oder in unserer Familie.

Erfüllt sein mit Liebe, das ist die normale Fortsetzung des reinen Herzens. In das gereinigte Herz schenkt Gott etwas von seinem Herzen: Liebe, echte, wahre Liebe. Liebe, die mit sich selbst gnädig umgeht, und Liebe, die mit dem Nächsten gütig umgeht. Liebe, die sich selbst und dem anderen das Gute gönnt.

Die Liebe hört auf zu rechnen: So viel habe ich hineingegeben, so viel möchte ich wieder zurück. Oder: die anderen haben mehr bekommen als ich, das ist ungerecht. Die Liebe, die von Gottes Herzen in unserem Herzen Raum gewonnen hat, macht uns innerlich frei, dem anderen mitzuhelfen, dass es ihm besser geht, dass er aufgebaut und gefördert wird. Das lautere Auge sieht hindurch durch das oft schwierige äußere Bild auf das, was Gott tun wird an diesem Menschen, an dieser Gemeinde und behält diese Hoffnung als Verheißung fest.

Ich komme nochmals zum Anfangsthema zurück, zur Frage: »Spieglein, Spieglein in der Hand, wer ist die Beste, die Schönste im ganzen Land?«
Es gibt eine Antwort darauf: »Schön ist eigentlich alles, was man mit Liebe betrachtet.«
Weil ich weiß, dass Gott **mich** voller Liebe anschaut, getraue ich mich zu sagen: Ja, ich bin die Beste, die Schönste, weil ich eine Geliebte Gottes bin.
Weil ich weiß, dass Gott **dich** voller Liebe anschaut, darf ich es dir klar sagen: Du bist die Beste, die Schönste, weil du die Geliebte Gottes bist.

Wenn wir in diesem Bewusstsein leben und so miteinander umgehen, werden unsere Gemeinden zu lebensspendenden Oasen, zu Orten, nach denen man sich sehnt, weil man hier Kraft und Mut auftanken kann für den Alltag.

Zusammengefasst lassen sich die Gedanken nachlesen in der Bibel, im 1. Johannesbrief 4, 7-21.

Aufatmen erlaubt! Ich bin *nicht* an allem *schuld*!

Zusammengedrückt und entmutigt saß die nette Frau in der Lebensmitte vor mir. Sie hatte es doch so gut gemeint, hatte sich alle Mühe gegeben, sich eingesetzt, gearbeitet. Nun kam es ihr vor, als ob sie alles falsch gemacht hätte. Sie fühlte sich schuldig an dem, was in der Familie nicht lief. Da war der Jüngste mit Schulproblemen, die 12-Jährige war so rebellisch und frech, die große Tochter kämpfte mit Magersucht und in der Ehe waren beide resigniert und nebeneinander verstummt. »Die Last des Lebens erdrückt mich fast, ich mag nicht mehr«, sagte sie seufzend.

Viele Frauen kennen ähnliche Situationen. Sie übernehmen und tragen den schweren Rucksack voller Schuldgefühle und fühlen sich verantwortlich für das, was in der Familie, Verwandtschaft, Freundschaft, Gemeinde nicht gut geht. Sie sind in der Tat »belastete Frauen«. Unter solcher Last kann man wirklich fast zerbrechen oder zumindest den Lebensmut und die Freude verlieren.
Aber muss das denn sein? Wer bürdet uns denn eigentlich diesen schweren Rucksack auf? Der Mann, die Kinder, die Umwelt, der Prediger, Gott – oder etwa gar wir selbst? Könnte es sein, dass *wir selber* uns eine Last aufladen und mühsam durchs Leben tragen oder schleppen, von der Gott überhaupt nicht möchte, dass wir sie tragen?

Ja, das kann sein, und oft merken wir es über viele Jahre nicht, bis unsere Seele reagiert und nicht mehr mag, oder bis der Körper durch Erschöpfungssymptome anzeigt, dass er so nicht mehr weiter kann.

Welche Frauen haben denn eine spezielle Gefährdung zu Schuldgefühlen, zum Lasten übernehmen, zu überstarken Pflichtgefühlen? Man muss sich natürlich auch hier, wie überall, vor Verallgemeinerungen hüten. Und doch gibt es einen gewissen Frauentypus, der stärker gefährdet ist als andere. Ich versuche ihn zu beschreiben:

Es sind meist liebenswürdige, angenehme Frauen mit einer offenen, hilfsbereiten Art. Ich sage hier jetzt einmal die **»netten Frauen«**, damit wir einen Namen für sie haben. Aufmerksam nehmen sie die Bedürfnisse wahr, die die Menschen in ihrer Umgebung haben, und sie versuchen diese Wünsche und Bedürfnisse zu befriedigen. Der Ehemann findet am Montagabend nicht nur die Wäsche gebügelt und gewaschen vor, sondern auch seinen neuen Pyjama auf dem Kopfkissen zurechtgelegt und die frische Unterwäsche für morgen auf dem Stuhl neben dem Bett. Dass er ihr kaum je ein Danke dafür sagt, erträgt sie tapfer und gibt sich Mühe, das nicht zu beachten. – Die Kinder sind es gewohnt, dass die Mutter für sie da ist. Sie genießen das sehr und nehmen es auch selbstverständlich, dass das Pausenbrot schön eingewickelt zum Mitnehmen bereitliegt und die Mutter dran denkt, dass der Turnsack heute mit muss. – Wenn eine andere Frau in der Gemeinde krank ist, bügelt sie ihr die Wäsche gleich mit oder fragt nach, wie das mit dem Essen und dem Haushalt geht und bietet ihre Hilfe an.

Es sind Frauen, die man gut zur Mitarbeit in der Gemeinde brauchen kann. Weil sie anpassungsfähig, einfühlsam und kontaktfreudig sind, könnte man sie auch gerade an mehreren Stellen benötigen. Und weil sie schlecht »Nein« sagen können und sowieso aufopferungsbereit sind, lassen sie sich dadurch oft überfordern. Ja, sie bieten sich manchmal geradezu zum Ausnützen an.

Ein Prediger sagte einmal zu mir: »Komisch, es sind eigentlich immer die gleichen Frauen, die auf eine Bitte zur Mitarbeit reagieren. Und oft sind es genau die, die sonst schon viel am Hals haben.«
Die »netten Frauen« gehören zu denen, die sich stets angesprochen fühlen, wenn ein Aufruf zur Mitarbeit ergeht, sei's zum Kuchen backen für den Senioren-Nachmittag, zum Basteln für den Bazar, zur Mithilfe im Teenagerkreis oder zum Mitsingen im Chor. Man kann auf sie zählen, sie sind da und machen mit, sie bekämen ja sonst auch Schuldgefühle, wenn da plötzlich ein Mangel auftreten würde.

Wer jetzt denkt, dass diese »netten Frauen« diese Dienste nur tun, um im Mittelpunkt zu stehen oder damit man sie lobt und ihnen dankt, der irrt sich. Sie sind nämlich meist echt bescheiden und selbstlos und leben nach dem Motto: »Geben ist seliger als nehmen.«
Ihre eigenen Wünsche nehmen sie oftmals kaum wahr, stellen sie ohne weiteres zurück und merken kaum, dass sie auch Bedürfnisse haben könnten.
Es sind also tatsächlich »ideale Frauen«!

Aber genau da liegt das Problem. Sie haben in sich auch hohe Ideale von Harmonie, von einem guten Miteinander, von Zusammengehörigkeit, von Freundschaft, von Gemeinde. Und können dann ganz bitter enttäuscht sein, wenn andere diese Ideale nicht mittragen, wenn es nicht gelingt, die hohen, guten Ziele zu erreichen.

Wenn das Leben nicht so gelingt, wie sie es sich vorgestellt und sich dafür auch kräftig eingesetzt hatten, dann kann durch die Enttäuschung auch eine tiefe Mutlosigkeit und Resignation aufkommen. Sie hinterfragen plötzlich alles und haben den Eindruck, es sei nichts wert gewesen, es habe nichts gebracht. Die ganze Aufopferung war umsonst. Sie fühlen sich leer und ausgebrannt, ausgenützt oder sogar missbraucht. Klar, dass sie dabei bitter werden können oder sich »Trösterlis« verschaffen, sei's mit einer Schokolade oder mit einem Gläschen Likör, irgendetwas Gutes muss den inneren Hunger stillen. »Kummerspeck« wird gerade in solchen Situationen angesetzt.
Aus dieser Entmutigung, aus dem Loch, kommen sie auch nicht so schnell wieder heraus. Denn nun versuchen sie die Situation zu analysieren, sie kommen ins Grübeln und denken über das »Wieso und Warum« nach und kommen meist zum immer gleichen Schluss: »Ich habe versagt; ich hätte es anders machen sollen; ich bin schuld, dass es bei uns so läuft. Ich hätte noch mehr tun sollen, ich habe zu wenig geglaubt und gebetet.«

Viele unnötige Gewissensbisse belasten das Herz, Selbstbeschuldigungen und Selbstzerfleischungen quälen sie in den schlaflosen Stunden und sie empfinden sich selbst als »der letzte Mensch«. Das eigene Herz wird zum Ankläger, das sie selber verurteilt und verdammt.

Ich habe das Bild jetzt etwas überzeichnet, damit es klare

Konturen erhält. Aber ich denke trotzdem, dass sich viele Frauen hier wieder finden und wissen, wovon ich spreche.

Nun geht es mir aber nicht nur ums Erklären und Verständlichmachen dieser Charakterstruktur. Das wäre auch schon eine echte Hilfe, wenn man sich in seiner Art verstehen lernt und die Reaktionsmuster erkennen kann, die Stärken und Schwächen wahrnimmt und damit auch besser mit sich selber umgehen lernt. Vielleicht nimmt man sich dann auch nicht immer so todernst, sondern lernt ein bisschen über sich schmunzeln, sobald man sich wieder in so einem typischen Muster entdeckt.

Wir möchten ja wegkommen von Trugbildern und Zerrbildern, hin zu Seinem Bild in meinem Herzen. Darum wollen wir uns überlegen, wie die Hilfe zur Veränderung aussehen könnte.

Wie heißen denn die Trug- und Zerrbilder dieser »netten Frauen«?

Sie leben mit der Vorstellung und dem inneren Anspruch an sich selbst, dass sie »nette Frauen« sein müssten.
- Frauen, die die Erwartungen anderer erfüllen müssen, die für andere da sind.
- Frauen, die alles gut und richtig machen möchten, denen möglichst keine Fehler unterlaufen sollten.
- Frauen, die möchten, dass man mit ihnen zufrieden ist.
- Frauen, die durch ihre hilfsbereite, fröhliche Art ein gutes Zeugnis für den Herrn sein möchten.

- Frauen, die meinen, sie müssten perfekt sein, sie müssten ständig lächeln.

Durch dieses Bemühen wird man auch eine »nette Frau«, die oft sehr geliebt und gelobt wird. Aber hinter dem schönen, starken Außenbild der »netten Frau« steckt nur zu oft eine tiefe Unsicherheit und Unzulänglichkeit, ein schwaches Ich, das sich selbst kaum wahrnimmt, eine persönliche Wertlosigkeit, eine große, innere, undefinierbare Angst vor dem Leben, vor dem Selbstsein; oder eine Angst, nicht recht zu sein, so wie ich bin.
Sie können sich selber oft nicht auf dem direkten Wege ein gutes Stück vom Lebenskuchen nehmen, es für sich beanspruchen, sich für sich selber wehren und einsetzen, sondern sie tun es für andere. Aber sie haben doch die Hoffnung oder Erwartung, dass der andere ihnen das Kuchenstück dann gibt. Sie holen sich das Lebenskuchenstück über den Dienst an und für andere.
Es ist, wie wenn sie nicht zu sich selber stehen dürften. Macht man ihnen ein Kompliment: »Was für ein schickes Kleid!«, dann sagen sie: »Ach was, das ist doch nur ein alter Fetzen...« Kommt man in ihre Wohnung, empfangen sie einen mit den Worten: »Schaut ja nicht auf meine dreckigen Fenster! Ich komme im Moment einfach nicht zum Putzen.«, dabei läuft man beinahe in die Glastür, weil sie so blitzblank ist.

Statt dass sie gerade aufwachsen konnten, haben sie sich verkrümmt hin zu anderen und holen sich ihren Wert über andere. Damit werden sie aber auch abhängig von anderen, leben immer in der Angst, diese Menschen zu verlieren, ihnen nicht zu genügen, sie zu enttäuschen.
In der Bibel wird uns berichtet, wie Jesus mit einer Frau

05/2000)

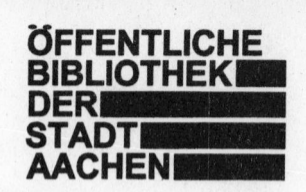

ÖFFENTLICHE BIBLIOTHEK DER STADT AACHEN

Zeitungen-, Zeitschriften-, Bücherlesen, Musizie-

Videos, Zeitschriften und Spielen an Kinder und
den der Kinder-/Jugendbibliothek
tschriften und Noten an Personen mit "Aachen-
ädten)
OM) in der Bibliothek

Gegen Mord ist
kein Kraut
gewachsen

umgegangen ist, die 18 Jahre lang einen verkrümmten Rücken hatte und sich nicht mehr aufrichten konnte. Jesus sah diese Frau mitten unter allen anderen Besuchern in der Synagoge. Er rief sie zu sich, legte ihr die Hände auf und sagte ihr: »*Richte dich auf, du sollst diese Verkrümmung los sein.*« Sofort konnte sie sich wieder gerade aufrichten und aufatmen. Sie war geheilt. Sie hatte ein gesundes Rückgrat bekommen, ein gerades Kreuz.
Das ist ein anschauliches Bild für die Heilung, die Jesus auch den verkrümmten »netten Frauen« anbietet.
Jesus lädt diese Frauen ein, ihre Augen, ihr Augenmerk von den Menschen und Aufgaben und Verpflichtungen zu lösen, zu denen sie sich hingekrümmt haben. Er sagt: »Lass sie los, überlasse sie jetzt einmal mir und schaue mich an, komme zu dir selber und richte dich auf. Nimm dich selber wahr in deiner ganzen Größe, spüre dich und nimm dich selber an, nimm Wohnung in dir. So, wie ich Wohnung nehme in dir – aber ich möchte da nicht allein sein, sondern mit dir zusammen sein.«
Und Jesus spricht dir das befreiende Wort zu: »Du musst dich gar nicht so abmühen, du musst gar nicht so gut sein, du musst nicht perfekt sein. Du darfst du selbst sein, du darfst auch Fehler machen, du bist ein Mensch. Du wirst auch immer wieder schuldig werden, an dir selbst, an deinem Mann, deinen Kindern, deinen Nächsten. Und ich werde dir immer wieder vergeben. Ich habe dich erlöst, herausgelöst aus der Verkrümmung. Vergiss es nie: Du bist angenommen, du bist angesehen und wert geachtet, du bist geliebt. Das gilt für immer, und das ist unabhängig davon, wie du dich fühlst.«
Das sind keine falschen Tröstungen, keine Selbsttröstungen, mit denen man sich über die Realitäten hinwegtäuscht. Das ist die Wahrheit, hier wird unser Leben heil.

Wer von falschen Selbstbildern, eben den Trug- und Zerrbildern über sich selbst, Abschied nehmen will, der muss folgende Schritte tun:

1. Schritt:

Das falsche Bild erkennen und bekennen

Die »netten Frauen« halten ihre Nettigkeit ja oftmals über eine weite Lebensstrecke für ihre größte Tugend. Sie denken: Wären nur alle so wie ich, dann hätten wir es schön. Sie sind oft lange Zeit blind ihrer Verkrümmung gegenüber und merken es gar nicht, dass sie den Wert und die Bestätigung für ihr Leben durch ihre Hilfsbereitschaft und Freundlichkeit holen, und dass in der Tiefe ihres Herzens eine gehörige Portion Stolz sitzt – trotz aller innerer Minderwertigkeitsgefühle und Selbstzweifel.

Wer aber den Wert für sich selber an einer anderen Stelle sucht als bei Gott, macht sich damit auch von anderen Stellen abhängig als von Gott. Er, der lebendige Gott, will die Quelle des Lebens sein, von ihm her haben wir unseren Wert und unsere Würde.

Darum gehört auch hier das Bekenntnis und die Bitte um Vergebung zum Beginn der Umkehr. Wie sagte der verlorene Sohn, nachdem er zur Einsicht gekommen war: »*Vater, ich habe gesündigt gegen den Himmel und vor dir.*« *(Lk 15, 21)*

2. Schritt: Glauben und annehmen, dass Jesus wirklich genügt

Kein Mensch auf dieser Welt kann sich selber erlösen. Ich denke, Sie sind mit mir einig darin, dass allein die Erlösungstat Jesu Christi am Kreuz von Golgatha uns rettet und gerecht macht.

Und doch behalten viele »nette Frauen« den Eindruck, sie genügen vor Gott nicht. Sie müssten noch tiefer zerbrochen werden, sie müssten mehr für Gott leben, größere Opfer bringen. Über ihrem geistlichen Leben hängt ein dunkler Schleier von Bedrückung und Anklage.

Das treibt sie an zu guten Werken, zu vermehrtem Dienst für Gott – und bringt sie doch nicht zur Ruhe, in den tiefen Frieden mit Gott. Im Grunde genommen ist es ja ein Versuch, das Rechtsein vor Gott durch eigenes Gutsein und Frommsein herzustellen. Aber das ist Selbstgerechtigkeit. Und die reicht einfach nicht aus, die genügt wirklich nicht.

Jesus schenkt uns seine Gerechtigkeit, dieses weiße Kleid, mit dem wir vor dem Vater im Himmel stehen dürfen. Aber es ist die geschenkte Gerechtigkeit, sie allein genügt – vollständig. Das ist das Ende aller Unwürdigkeitsgefühle, das Ende der Selbstablehnung und Selbstbestrafung, das Ende der Verdammnis. Jesus genügt!

Diese Tatsache gibt uns einen stabilen Boden unter die Füße, auf dem wir sicher stehen können. Dieses Wissen schafft Weite, Luft zum Atmen, eine gewaltige Freiheit!

3. Schritt:

Mich selber annehmen mit Gaben und Grenzen
und zu meinen Bedürfnissen stehen

Ich genüge in Jesus! Ich bin dem Vater im Himmel recht! Wie schön!
Darum darf ich auch zu mir stehen, mich selber bejahen. Ich brauche mich nicht zu schämen dafür, dass es mich gibt. Ich darf und soll mich selber annehmen und mir selber eine Freundin sein.
Die schönen, begabten Seiten sind im Allgemeinen meist nicht so das Problem bei der Selbstannahme. Da freuen wir uns und hätten gern noch mehr davon! Aber die Grenzen machen uns Probleme. Wir lehnen uns dort ab, wo wir Schwächen haben. Aber die Grenzen gehören dazu. Gaben und Grenzen zusammen ergeben unser Profil! Zu beidem darf ich stehen, beides darf sein. Ich bin diese Frau.
So, wie ich bin, bin ich kostbar und wertvoll! Mein Wert besteht ja nicht aus dem, was ich alles kann, sondern was ich bin. Ich habe Personwert, nicht Leistungswert! Gott sagt über meinem Leben: Du bist wert geachtet vor meinen Augen!

Bin ich mir selber eigentlich auch etwas wert? Glaube ich an meinen Wert? Dann darf ich doch auch hinhören auf das, was für mich gut ist. Ich habe auch Bedürfnisse, ich bin auch bedürftig! Ich darf z. B. mit mir selber einen Spaziergang machen, mir diese Stunde gönnen zum Lesen, mir eine Weiterbildung in Englisch erlau-ben … Oder ich darf zu meiner Meinung stehen, muss mich nicht der Meinung der anderen anpassen, weil ich mich selber auch ernst nehme.

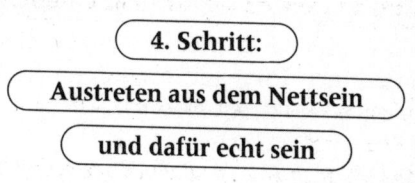

4. Schritt:
Austreten aus dem Nettsein
und dafür echt sein

Das Nettsein bringt die Anerkennung und die Sympathien der anderen ein, es fällt einem leicht, nette Frauen anzunehmen und mit ihnen umzugehen. Sie sind ja meist pflegeleicht und umgänglich, bieten keine scharfen Ecken und Kanten, an denen man sich verletzen und reiben kann. Sie beharren auch kaum auf ihrer Meinung, sondern können nachgeben.

Aber das Nettsein kostet einen Preis: Ich will es dann ja allen recht machen, möglichst niemanden verletzen, darum passe ich mich an, verzichte auf eine eigene Meinung, treffe keine Entscheidungen, die anderen missfallen könnten. Ich möchte, dass sich niemand an mir stößt.

Mit der Zeit weiß man dann zwar ganz genau, wer welche Wünsche, Meinungen und Ansichten hat, nur von sich selbst weiß man es nicht mehr. Vor lauter Hinhören auf die anderen hat man sich selbst überhört, hat man sich selbst aufgegeben.

Es braucht dann diesen – vielleicht langen und mühsamen – Weg zurück zu sich selbst, wo man sich selber immer wieder ehrlich fragen muss: Was denke ich selber zu diesem Thema, wie lautet meine Meinung, was möchte ich?

Erst dort, wo ich wieder bei mir selber angekommen bin, ich selber bin, identisch bin mit mir, kann ich echt und wahr sein und ganz zu mir stehen.

Vielleicht bin ich dann nicht mehr ganz so pflegeleicht, weil ich mich mehr getraue, zu meiner Meinung zu stehen, weil ich sogar die Konfrontation wage mit der Meinung anderer. Aber ich werde fassbarer für die anderen, ich werde ein echtes Gegenüber.

5. Schritt:
Mich abgrenzen dürfen, Ja und Nein sagen dürfen, ohne schlechtes Gewissen

Für »nette Frauen« wird die Not anderer Menschen oft zur großen Last, weil sie echt mitleiden, sich einfühlen können, merken, wo der Schuh drückt. Sie spüren auch, was der andere jetzt nötig hat und wie die Hilfe aussehen könnte. Sie sind bereit zu helfen, Lasten mitzutragen – und können sich ganz schlecht abgrenzen, können so schwer Nein sagen.

Das kann große Probleme in die Ehe und Familie der »netten Frauen« bringen. Denn der Mann ist vielleicht eben nicht von der »netten« Sorte, sondern einer, der bewusst Grenzen zieht und nicht ständig von der Not anderer hören möchte. Da wird das Herz solcher Frauen fast zerrissen zwischen Ehemann und Engagement für andere. Und manche »nette Frau« ist in sich traurig und bitter, weil der eigene Mann ihre Nächstenliebe nicht mittragen will.

Ich habe eine gute Nachricht für diese Frauen: Man darf

Ja und Nein sagen! Das kleine Wörtchen Nein ist lernbar! Du hast das Recht und die Freiheit, Nein zu sagen zu einer Anfrage. Auch wenn es im Moment nicht verstanden wird.

6. Schritt:
Mir selber gestatten, etwas zu genießen,
mir selber auch etwas gönnen

Für andere Menschen da sein ist eine gute Sache. Anderen Menschen helfen, dass sie zum Leben kommen, das ist so wichtig! Aber wer hilft einer »netten Frau« zum Leben? Selber kann sie es sich ja oft nicht nehmen, sie ist es sich selbst nicht wert oder denkt überhaupt nicht an sich.

Man muss es sich selber gestatten, leben zu dürfen, Freude und Schönes erleben zu dürfen, etwas genießen dürfen! Wer nicht mehr genießen kann, wird mit der Zeit ungenießbar.

Darum: Gönn dich dir selbst! Gönne dir Augenblicke und Stunden der Freude! Das muss nichts Teures und Großes sein. Es sind vielmehr die Momente, in denen du dich selber spürst und merkst, dass es dir wohl und gut tut. Vielleicht beim Blumen pflücken, beim Tagebuch schreiben, in einem guten Gespräch, beim Blockflöten spielen, beim Lesen eines schönen Buches, in der Stille vor Gott, wo ich einfach nur bin und seine Liebe glaube und annehme.

7. Schritt: Anderen helfen, dass sie mündig und reif werden können

»Nette Frauen« sind fürsorgende Frauen. Wenn sie gebraucht werden, sind sie da. Die Fürsorge für andere hat zwei Seiten. Einerseits ist es eine große und notwendige Hilfe, andererseits kann es Menschen in eine Abhängigkeit und Unselbständigkeit führen. Wenn man einem Kind alle Steine aus dem Weg räumt, wird es das im Moment zwar als angenehm empfinden, aber es wird lebensuntüchtig. Es wird der Härte des Lebens nicht gewachsen sein.

Man darf einander auch etwas zumuten und zutrauen. Wir wachsen und reifen durch überwundene Schwierigkeiten und lernen durch Erfahrungen und Versagen.

Wie hat einmal ein Sohn zu seiner Mutter gesagt: »Lieber verzichte ich auf das versprochene Auto und fahre weiterhin mit dem Fahrrad zum Arbeitsplatz, als dass ich auf Jahre hinaus zur Dankbarkeit und zum Gehorsam verpflichtet bin dir gegenüber.« Das war Fürsorge, die den anderen bindet und verpflichtet. Man bleibt dem Geber oder Helfer etwas schuldig. Undefinierbare Schuldgefühle haben übrigens oftmals gerade in solchen Erfahrungen ihren Nährboden gefunden.

Die Fürsorge von befreiten »netten Frauen« dient und schenkt in Freiheit. Sie lässt den anderen wachsen und mündig werden und freut sich, wenn die Fürsorge überflüssig wird. Denn sie bezieht die Befriedigung und den Wert nicht mehr über das, was sie für andere tut, sondern aus dem Gegründetsein in Gott, aus dem Wert von Gott.

Aufatmen ist erlaubt! Gott will uns die Last abnehmen! Ja, noch mehr: Jubel ist angesagt.

In Jesaja 9, 2+3 sagt uns der Prophet über Jesus: »*Du weckst lauten Jubel, du machst groß die Freude. Vor dir wird man sich freuen, wie man sich freut in der Ernte, wie man fröhlich ist, wenn man Beute austeilt. Denn du hast ihr drückendes Joch, die Jochstange auf ihrer Schulter und den Stecken ihres Treibers zerbrochen ...*«

Der Stecken des Treibers ist über den »netten Frauen« zerbrochen. Sie dürfen echt sein und sich am Leben freuen! Das ist eine herzliche Einladung Gottes an Sie!

Miteinander *reden* – aufeinander *hören!*

Reden und Hören sind zwei Grundelemente des menschlichen Lebens. Es ist die wesentliche Möglichkeit, miteinander in Beziehung zu treten, Gemeinschaft zu pflegen. Beides gehört unzertrennlich zusammen: Ohne Reden gibt es kein Hören, ohne Zuhörer ist jedes Reden nur Selbstgespräch.

Aber obwohl uns Mund und Ohren angewachsen sind, muss Reden und Hören gelernt werden!

Bei einer Radiopredigt oder einem Vortrag könnte ich Sie begrüßen mit: »*Liebe Hörerinnen und Hörer.*« Das Radio ist einseitig auf das Ohr angewiesen. Ohne Hörvermögen nützt ein Radio nichts. Bei einem Vortrag ist man auf Empfang, aufs Zuhören eingestellt. Aber auch jetzt, wenn Sie dieses Kapitel lesen, spielt sich etwas zwischen uns ab. Es entsteht ein innerer Dialog.

Kommunikation (Gesprächsführung) ist zu einem Modethema geworden. Wir merken im Umgang miteinander, wie schwierig das gegenseitige Verstehen ist. Auf der Suche nach Hilfe interessieren wir uns für die Kommunikationsforschung und -theorie. Wenn wir uns einmal hineinvertiefen in diesen weiten Komplex, staunen wir, dass Verständigung unter Menschen überhaupt möglich ist!

Einer der bekanntesten Grundsätze der Kommunikation heißt: **»Man kann nicht nicht kommunizieren«** (Watzlawick). Wir kommunizieren immer, auch wenn wir schweigen. Allein schon durch mein Dasein bin ich in die Auseinandersetzung mit anderen eingetreten. Ich

kann mich dem nicht entziehen. Auch wenn ich beschließe, mich in nichts einzumischen, nur ganz für mich zu leben, ist das trotzdem eine Kommunikationsform. Ich sende damit eine Botschaft. Diese Botschaft hat etwas zu tun mit mir, mit meiner Geschichte. Ich bin verantwortlich für meine Botschaft.
Es lohnt sich sehr, tiefer in dieses Thema hineinzuhören.

Durchs Hören lernen wir leben!

Unser Leben wird geformt und geprägt durch das, was wir hören. Die erste Kontaktaufnahme zur Umwelt nimmt der werdende Mensch im Mutterleib auf durchs Hören! Ein Säugling hört aus der Stimme seiner Eltern die wichtigste Information: ob er angenommen und willkommen ist oder nicht!
Die kleine, begrenzte Welt eines Kleinkindes wird erweitert und aufgeschlossen durch das Hören von Geschichten, die hundertmal wiederholt werden müssen, bis das Kind sie in sich aufnehmen konnte.
Die ganze Kindheit hindurch bleibt das Kind Hörender: Im Kindergarten, in der Schulzeit, in der Lehre. Es muss sich etwas sagen lassen, sich unterweisen lassen, sich Informationen geben lassen – natürlich ergänzt durch Lesen, Erfahrungen etc.
Hören wirkt auf den ersten Blick als eher passive Tätigkeit. Wer zuhört, muss nur aufnehmen, er ist Empfänger einer Botschaft.

Richtiges Hören bringt uns aber in eine höchst aktive Haltung, Gehörtes muss umgesetzt, verarbeitet werden, zieht »Hör-Konsequenzen« nach sich. In der Schule fol-

gen aufs Hören die Prüfungen, die dann schwarz auf weiß belegen, ob ich das Gehörte verstanden habe oder nicht.
Wir Erwachsene leiden oft unter der Hörüberflutung, unter dem Lärm und der Wortinflation, die unser Ohr erreichen. Die Gefahr ist groß, dass unser Ohr abstumpft, müde wird. Wir sagen dann:

- »Davon will ich nichts mehr hören.«
- »Ich stelle mich taub.«
- »Ich halte mir die Ohren zu.«
- »Da bin ich schwerhörig.«

Wer hörfähig bleiben und durchs Hören seine Welt erweitern und bereichern will, muss auswählen, wem er Gehör schenken, auf wen er hören will. Was wir hören, wird zum Wissen, und das bringt Verantwortung mit sich. Mit Gehörtem muss man weise umgehen und oftmals ist man gefordert, etwas zu tun.

Beziehungen bauen durch HÖREN

Mit zu den begehrtesten Themen in Eheseminaren gehört »Kommunikation«.
Immer wieder wird uns gesagt: »Wir können einfach nicht miteinander reden.« Frauen leiden unter schweigenden Ehemännern – Männer unter den fragenden, vorwurfsvollen Blicken der Frauen, Ehen gehen auseinander, weil Langeweile sich breit macht und man keinen gemeinsamen Gesprächsstoff mehr findet. So übernimmt dann häufig der Fernseher das Gespräch. Wirklich Anteil nehmen am Leben des anderen kann man nur, wenn man sich gegenseitig zum Erzählen

ermutigt und ein guter Zuhörer ist. Richtig zuhören – das ist aber eine hohe Kunst! Vor allem in Beziehungen, in denen man sich schon lange kennt!
Wie schnell schleicht es sich da ein, dass man abweisend sagt: »Das hast du schon zehn Mal erzählt!«. Oder dass wir dort, wo es um unsere Beziehung geht, vielleicht auch um Vorwürfe, die man sich anhören sollte, nach alten Beziehungsmustern reagiert:

- wir starten einen Gegenangriff
  (»Ja, und dann DU erst ...«)
- wir rechtfertigen uns (»das ist gar nicht wahr ...«)
- wir ziehen uns beleidigt zurück, laufen davon, weinen
- wir nehmen nicht ernst, lächeln spöttisch
- wir belehren den anderen und weisen ihn zurecht

Diese Reaktionen verletzen und bauen die Mauern des Schweigens auf und führen ins Unverstandensein hinein.
Im Zuhören ist so etwas wie ein Geheimnis: Wo wir uns einander anvertrauen, auch Ängste, Versagen, Schmerzen erzählen, wachsen wir zusammen, erleben wir die heilende Wirkung des Zuhörens.
Versuchen Sie doch wieder einmal eine Hörübung mit Ihrem Partner oder einem Menschen, der Ihnen nahe steht: Legen Sie alles andere zur Seite und schenken Sie ihm die ganze Aufmerksamkeit. Fordern Sie zum Erzählen auf durch Ihr Interesse, durch Fragen, durch Nicken, durch inneres Mitgehen. Nehmen Sie den Klang der Stimme auf in Ihr Herz und warten Sie auf ein inneres Echo.

Wir hören dabei nicht nur auf die Worte. Wir versuchen uns auf den anderen einzustellen, ihn ganz wahrzunehmen.

Wie sitzt oder steht er da? Vorne auf der Stuhlkante, entspannt den ganzen Stuhl einnehmend, lauernd vornüber gebeugt, ängstlich verkrochen?
Spricht er laut oder leise? Hat er Mühe Worte zu finden? Welche Gestik hat er? Welche Mimik?
Durch mein aufmerksames Zuhören, helfe ich dem anderen, sein Inneres preiszugeben. Es kann zu einem echten Gespräch werden, zu einer Begegnung, zu einer Beziehungsbrücke.

Übung:

Setzen Sie sich ganz entspannt in einen Sessel, und lassen Sie sich diese kurze Geschichte vorlesen:
Als ich neulich bei einem New Yorker Verleger zu Gast war, lernte ich einen Botaniker kennen. Ich hatte mich nie zuvor mit einem Botaniker unterhalten und war ganz hingerissen, was er alles zu erzählen wusste. Ich klebte buchstäblich an der Kante meines Stuhls und hörte fasziniert zu, während er von Haschisch sprach, von Treibhäusern und von den erstaunlichen Eigenschaften einer ganz gewöhnlichen Kartoffel. Ich besitze selber ein kleines Treibhaus, und er war so freundlich, mir ein paar nützliche Ratschläge zu erteilen... Es wurde Mitternacht, ich verabschiedete mich bei allen Anwesenden und machte mich auf den Heimweg. Hierauf wandte sich der Botaniker an unseren Gastgeber und äußerte sich sehr schmeichelhaft über mich. Ich sei »sehr anregend«, sei dieses und jenes, und zum Schluss erklärte er auch noch, ich sei ein »außerordentlich interessanter Gesprächspartner«.

Ein interessanter Gesprächspartner? Dabei hatte ich kaum ein Wort gesagt. Ich hätte zu diesem Thema auch nichts zu sagen gehabt, denn ich verstehe von Botanik ungefähr gleich viel wie von der Anatomie eines Pinguins. Ich hatte nur eines getan: aufmerksam zugehört. Ich hatte zugehört, weil es mich tatsächlich interessierte, was dieser Mann zu erzählen wusste. Das spürte er, und das hat ihm auch gefallen. Man kann einem anderen Menschen kaum ein größeres Kompliment machen, als wenn man ihm aufmerksam zuhört. (Carnegie, Wie man Freunde gewinnt, S.108).

Aufgabe:

- Was haben Sie gehört? Versuchen Sie das, was Ihnen beim Hören wichtig wurde, in zwei bis drei Sätzen aufzuschreiben.
- Überlegen Sie einen Augenblick, welcher Satz, welcher Gedanke in dieser Geschichte für Sie der Wichtigste war!

Ich führe Sie jetzt kurz ein in einen Mini-Ausschnitt aus der Kommunikations-Theorie, um die große Bedeutung des Ohres zu zeigen (nach: »Miteinander reden 1«, Sachb. 7489, Friedemann Schulz von Thun, © 1981 by Rowohlt Taschenbuch Verlag GmbH, Reinbeck):

Jede Nachricht hat einen Sender und einen Empfänger. Nun kommt die Nachricht aber **nicht** so schön **eindeutig linear** daher, sondern als **Paket** mit vier Seiten:

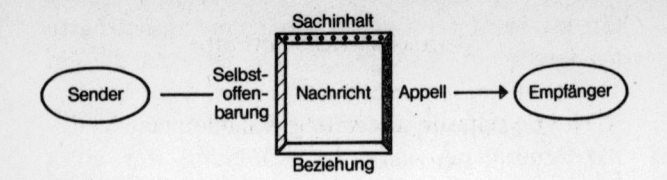

```
              Sachinhalt
           ┌───────────┐
  Sender — │ Nachricht │ Appel ──→ Empfänger
     Selbst-│           │
     offen- │           │
     barung └───────────┘
              Beziehung
```

Das, was nun so kompliziert tönt, lässt sich gut illustrieren am Beispiel einer typischen Kommunikation im Auto. Die Frau fährt ihren Mann zum Bahnhof. Wahrscheinlich hat er Angst, zu spät zum Zug zu kommen, deshalb sagt er zu seiner Frau an der Ampel den Satz: »Die Ampel ist grün.«

Wir betrachten jetzt die vier Seiten dieses schlichten Satzes:

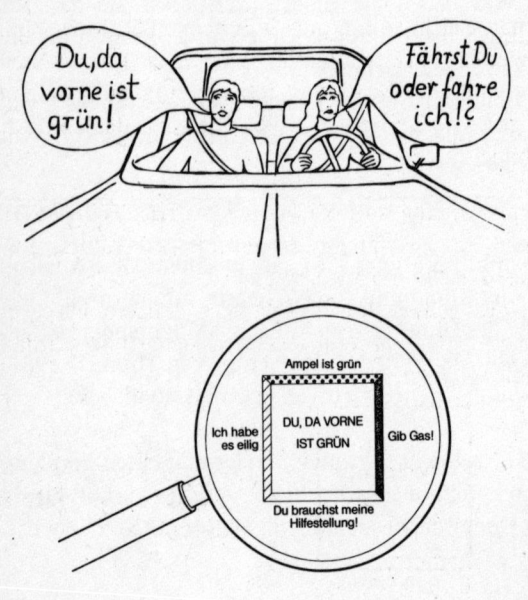

Du, da vorne ist grün!

Fährst Du oder fahre ich!?

```
              Ampel ist grün
          ┌──────────────────┐
Ich habe  │   DU, DA VORNE   │  Gib Gas!
es eilig  │     IST GRÜN     │
          └──────────────────┘
           Du brauchst meine
              Hilfestellung!
```

Jede Nachricht enthält:

A. **einen Sachaspekt** = worüber ich informiere
(»Die Ampel ist grün«)

B. **einen Beziehungsaspekt** = was ich von dir halte und wie wir zueinander stehen (oft spürbar im Tonfall oder in der Formulierung)
(»Wenn ich dir nicht helfe, schaffst du das Autofahren nie«)

C. **einen Appellaspekt** = wozu ich dich veranlassen möchte
(»Gib ein bisschen Gas, dann schaffen wir es noch«)

D. **einen Selbstoffenbarungsaspekt** = was ich von mir selbst kundgebe *(»Ich habe es eilig«)*

Genau gleich geht es auch mit dem HÖREN. Der Empfänger der Nachricht hat nicht nur zwei Ohren, sondern vier; und je nach Art der Veranlagung/Prägung des Empfängers sind diese Ohren völlig unterschiedlich groß ausgebildet:

Wenn wir eine Nachricht mit dem **BEZIEHUNGSOHR** hören, sind wir immer die Betroffenen, fühlen uns in Frage gestellt und angegriffen.
Bsp.: Ich genüge ihm einfach nicht. Er denkt, ich sei eine schlechte Autofahrerin und ohne seine Hilfe würde ich es nie schaffen.

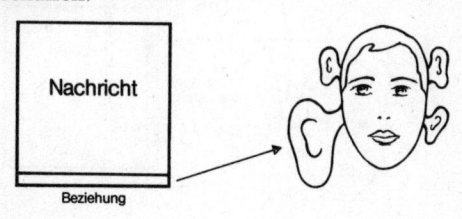

Wer das **SACHOHR** ausgebildet hat, hört vor allem auf die Sachinformation (kommt bei Männern stärker vor) und versucht alles auf dieser Ebene zu verstehen, Bsp.: »Du, es hat von Orange auf Grün gewechselt«.

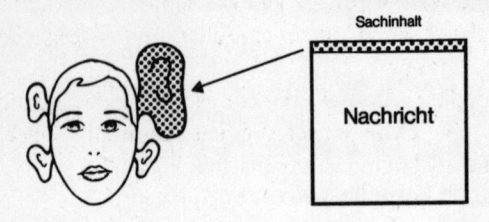

Wer das **APPELLOHR** vergrößert hat, ist ständig auf Trab, völlig darauf ausgerichtet, alles zu erfüllen, was man erwartet und befiehlt.
Bsp.: »Fahr los!« »Gib Gas!«

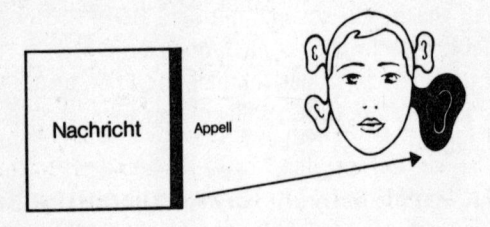

Wer das **SELBSTOFFENBARUNGSOHR** trainiert hat, hört heraus, was der Sender über sich selbst sagt.
Bsp.: Er hat es eilig und hat Angst zu spät zu kommen.

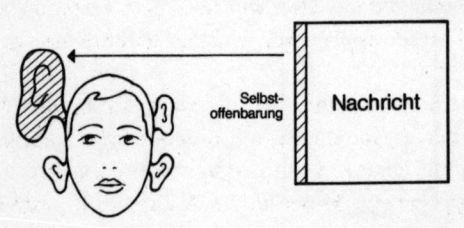

Der Mensch nimmt also mit vier Ohren die Botschaft auf. Blitzschnell sortieren Herz und Verstand, gewichten und reagieren.

Wichtig wäre hier, dass alle vier Ohren gebraucht werden, damit wir zu einem gesunden und ausgeglichenen Hören kommen.
Sie merken schon aus diesem ganz kleinen Theorieteil, dass man ohne weiteres einen Jahreskurs über das Thema »richtiges Hören« machen könnte!

Glauben wagen durch Hören

Der Glaube kommt aus der Predigt«, sagt der Apostel Paulus. Gemeint ist damit, dass der Glaube an den lebendigen Gott, an den Erlöser Jesus Christus, nicht innerseelisch aus mir selber stammt, sondern dass das Wissen um diesen Gott, der uns liebt, mit unseren Ohren, unserem Herzen gehört werden muss. Aus dem Hören der befreienden, froh machenden Nachricht wächst Vertrauen, wächst Glaube an diesen Gott. Glauben, das ist nicht ein Kopfwissen, sondern eine Vertrauensbeziehung. Ich vertraue dem Gehörten! Ich lasse mich darauf ein.
Ein glaubender Mensch wird zum Hörenden, zum Hörigen. Er schenkt sein Ohr, sein Herz, dem lebendigen Gott. Im AT werden uns zwei wichtige »Ohrbilder« gezeigt:

Bei der **Priesterweihe** wurden dem Priester die Hände, mit denen er Gott diente, mit Blut bestrichen; ebenso die Füße, mit denen er zum Altar schritt, und das rechte Ohrläppchen (2. Mose 29, 20 ff.). Mit Blut bestreichen heißt: ganz in Beschlag genommen für Gott. Hände, Füße und Ohren werden ganz Gott geweiht. Wir würden vielleicht eher die Lippen Gott weihen, weil bei uns eine Verschiebung in Richtung Mund stattgefunden hat. Aber vor dem Reden kommt das Hören. Nicht der ist ein guter Bote Gottes, der gut reden kann, sondern der gut hören kann auf Gottes Stimme, und dann in Vollmacht sagen kann: »*So spricht der Herr!*« Ein Priester, ein Pfarrer soll ja ein Sprachrohr Gottes sein in der Welt!

Das zweite Bild stammt aus dem **Sklavenstand.** Wenn ein Sklave bereit war in dauernder Leibeigenschaft zu leben, und gleichzeitig um die Aufnahme in die Familie seines Herrn bat, wurde ihm sein rechtes Ohr am Türpfosten des Hauses durchbohrt (2. Mose 21, 5+6).
Mit dem Rechtsakt des Durchbohrens des Ohrläppchens ist der Knecht ein Dauersklave. Er ist gekennzeichnet und jeder weiß: Er ist ein »Höriger« geworden, einer, der auf die Stimme seines Meisters hört und ihm gehorcht. Auch hier handelt es sich wieder um die sprachliche Wortkonsequenz: **Horchen – Gehorchen.** Aus dem Hören wächst Gehorsam.

Nachfolger Jesu Christi, ein an Gott glaubender Mensch zu werden, beginnt mit der Einwilligung: »Herr, hier hast du mein Ohr; ich will auf dich hören und dir gehören. Nicht meine Ansicht, meine Meinung ist maßgebend für mein Leben, sondern dein Wille und dein Wort. Mein Hinhören auf dich bedeutet Hingabe meines Lebens an dich. Ich will das tun, was du sagst!«

Wir hatten einmal eine Mitarbeiterin aus dem Schwarzwald. Sie hatte die Gewohnheit, jedes Mal wenn unsere Hausbeamtin in die Küche kam und in Schweizerdeutsch sagte: »Bärbel, los emol, ...«, alles liegen zu lassen und sich vor sie hinzustellen. Erst nach längerer Zeit löste sich das Rätsel auf, als sie merkte, dass »los emol ...«, »hören« und nicht »loslassen« (lass einmal!) bedeutet.

Für uns war es bedeutsam: Wer wirklich Gottes Stimme hören will, muss sich auch die Zeit nehmen, einmal alles stehen und liegen zu lassen und hineinhören auf sein Wort. Ganz »Ohr sein für Gott«!
Nicht wahr, hören hat doch auch ganz viel mit Liebe zu tun. Ich höre gern auf Menschen, die ich liebe.

Kennen Sie das alte Signet der Plattenfirma EMI mit dem alten Trichtergrammophon und dem Hund?
Darunter steht das Wort: »*His masters voice*« – die Stimme seines Herrn.
Wie höre ich auf Gott? Wir könnten das Beispiel mit den vier Ohren auch auf unser Hören auf Gott übertragen.
Wir nehmen den Vers: »*Meine Schafe hören meine Stimme.*« (Joh 10, 27)

Selbstoffenbarung: Es ist Jesus ein Bedürfnis, sich denen mitzuteilen, die zu ihm gehören. Er will uns nahe sein!

Beziehung: Ich bin gemeint mit dieser Nähe, dieser Verbindung. Freue ich mich oder bin ich lieber auf Distanz?

Sachaspekt: Die Zugehörigkeit zu Jesus schafft die Verbindung und das Hörenkönnen auf seine Stimme.

Appell: Lies aufmerksamer die Bibel, hör besser hin, damit du das Reden Jesu nicht verpasst!

Beziehungen beginnen mit dem Herzen!

Ich würde jetzt gerne wissen, wer sich nach dem 1. Teil heimlich an den Kopf gegriffen hat, um zu prüfen, ob er nun zwei oder vier Ohren hat.
Erinnern wir uns noch einmal: Jede Botschaft können wir auf vier verschiedene Weisen hören: mit dem Ohr der Selbstoffenbarung, der Beziehung, des Appells, der Sache. Je nachdem, mit welchem Ohr wir hören, reagieren wir auch darauf!

Was würden Sie sagen, wenn in der Zeitung folgendes Inserat erscheinen würde:

> **Große Neuheit! Totaler Knüller!** Wir verkaufen Hörapparate, die direkt das übermitteln und registrieren, was wirklich gesagt wurde. Personenbedingte Störfaktoren können ausgeschaltet werden. Garantiert vertiefte Kommunikation, bessere Beziehungen, Freude am Miteinander, erhöhte Leistungsfähigkeit, entspanntes Familienleben.

Das wär's, wenn es solche Geräte gäbe! Wir haben beim vierfachen Ohr gemerkt, wie groß die Gefahr des Verhörens und Überhörens ist. Kein Wunder, dass wir uns so oft missverstehen.
Das, was wir hören, tritt durch unsere Ohren in uns ein, wird zu einem Teil von uns. Das Gehörte fällt wie ein

Samenkorn in den Acker unseres Herzens. Je nach Bodenbeschaffenheit dieses Herzensackers geht es nun weiter.
Mit Herz meine ich den Sitz der Persönlichkeit, die innerste Schaltzentrale des Menschen.

Bsp.:
Ehepaar beim Mittagessen.

Der Mann fragt beim Mittagessen: »Was ist denn das Grüne hier in der Soße?« Die Frau antwortet: »Wenn es dir hier nicht schmeckt, kannst du ja woanders essen gehen!«
Die Frau fühlt sich angegriffen und reagiert dementsprechend. Aber der Mann wollte nur eine Informationsfrage stellen, grüne Kapern waren ihm unbekannt. Wir können die gesendete und empfangene Nachricht einander gegenüberstellen und damit das Missverständnis aufdecken.

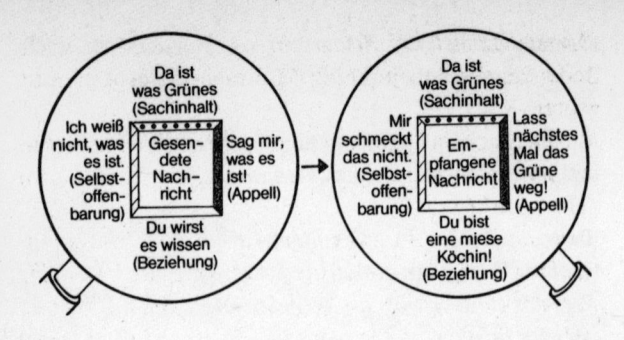

Bei diesem Beispiel ist es für beide offensichtlich, dass irgendein Missverständnis vorliegt. Sie können darüber reden und die Sache klären. Wäre die Frau aber innerlich verletzt gewesen durch die Frage und hätte trotzdem möglichst knapp und sachlich geantwortet: »Das sind Kapern«, dann wäre das Missverständnis nicht gleich bewusst geworden. Wahrscheinlich hätte die Frau nun am Tisch beleidigt geschwiegen, bis der Mann irgendwann nachfragt: »Ist irgendwas?« Das hätte die Möglichkeit gegeben, das verdeckte Missverständnis zu klären.

Mein Reden und Reagieren hängt also damit zusammen, wie es in meinem Herzen aussieht. Wir könnten dieser Frau einen Vortrag halten über »Positivere Einstellung zum Mann«, »Freundlicherer Umgangston am Familientisch« oder ihr hilfreiche Regeln zum Reden beibringen. Es würde wenig oder nichts nützen. Der eigentliche Schaden sitzt tiefer.

Unsere Vorstellungen voneinander, Vorurteile übereinander, Gedankenfantasien, in denen wir uns ausmalen, was der andere denkt und sagen wollte, werden aus dem Herzen gespeist. Matthäus 15, 19: »***Denn aus dem***

Herzen kommen böse Gedanken ...«
Jesus sagte in Matthäus 12, 33-37 ein hartes, aber sehr wahres Wort:
»Nehmt an, ein Baum ist gut, so wird auch seine Frucht gut sein; oder nehmt an, ein Baum ist faul, so wird auch seine Frucht faul sein.
Denn an der Frucht erkennt man den Baum. Ihr Schlangenbrut, wie könnt ihr Gutes reden, die ihr böse seid? Wes das Herz voll ist, des geht der Mund über. Ein guter Mensch bringt Gutes hervor aus dem guten Schatz seines Herzens, und ein böser Mensch bringt Böses hervor aus seinem bösen Schatz. Ich sage euch aber, dass die Menschen Rechenschaft geben müssen am Tage des Gerichts von jedem nichtsnützigen Wort, das sie geredet haben. Aus deinen Worten wirst du gerechtfertigt werden, und aus deinen Worten wirst du verdammt werden.«
Ich betone nochmals: *»Wes das Herz voll ist, des geht der Mund über.«*
Laut der Bibel quillt aus unserem Reden das Herz. Durchs Reden offenbaren wir uns.
Wir bringen bei allem Reden uns, unsere Persönlichkeit, unser Herz mit ein. Auch bei Sachthemen, bei Sitzungen, fließt unser Herz, unsere Person mit durch. Wenn z. B. ungeordnete Beziehungen in einem Hauskreis oder einer Sitzung da sind, wird man zwar über das Sachthema reden, aber unter der Oberfläche brodeln die ungelösten Beziehungsprobleme. Sie tauchen wie Stecknadeln von unten auf und wir stechen einander damit. Wenn wir diese alten »Hühnchen«, die ungerupft durch den Raum fliegen, einfach stehen lassen, werden wir unfähig, sachliche Gespräche zu führen oder geistliche Entscheidungen zu treffen. Es wird alles verflochten, durchdrungen, vergiftet vom Ungelösten.

Darum möchte ich jetzt beim Thema »Reden miteinander« nicht erstlich über die Zunge sprechen, dieses kleine Feuer, das große Waldbrände verursachen kann, wie es in Jakobus 3 geschrieben ist, sondern wir lassen Gott in unser Herz schauen und lassen unseren Herzensboden beackern.

Das verzagte, ungläubige Herz

Es ist das Herz eines Menschen, der nicht hoch von sich selber denkt. Das Herz ist ihm in die Hosen gerutscht. Er glaubt nicht, dass sein Dasein, sein Reden für andere großen Wert hat. Er wird vor allem mit dem Beziehungsohr hören und die Worte keimen lassen, die ihn in seinem Kleinsein, seiner Wertlosigkeit bestätigen. Man kann dem verzagten Herzen Mut zusprechen, ihm die Verheißungen Gottes vor Augen halten. Aber das verzagte Herz ist auch ungläubig. Es kann nicht annehmen, was man ihm Gutes sagt. Bei einem Kompliment oder Lob reagiert es mit dem Satz: »Es ist lieb von ihr, sie wollte mir etwas Nettes sagen. Aber wenn sie mich kennen würde, hätte sie es nicht gesagt.« Das verzagte Herz sehnt sich nach Zuspruch, nach Liebe, aber es hat etwas wie ein Loch im Boden, durch das alles versickert.

In diesen Herzensboden wurde irgendwann ein Lügengift gestreut, das die Tiefe des Bodens verunreinigte. Die Lüge heißt: Für dich gilt das Gute nicht. Das verzagte Herz hört vieles falsch, reagiert oft beleidigt und mit Rückzug.

Das vermauerte, harte Herz

Versuchen Sie sich einen Menschen vor Augen zu stellen, von dem Sie denken, dass er ein hartes Herz hat. Wie sieht er aus?

Ich habe mir zuerst einen Mann vorgestellt, der daheim oft laut schreit und seine Familie tyrannisiert. Es geht Druck von ihm aus, man fürchtet sich vor ihm. Bei längerem Nachdenken bemerkte ich den Unterschied zwischen einem harten Herzen und einem zugemauerten Herzen. Dieser Tyrann hatte zuinnerst ein weiches Herz, das nach Liebe und Annahme schrie, aber um sein Herz herum war eine dicke Schutzmauer. Er konnte seine wahren Gefühle nicht zeigen, andere nicht nahe an sich herankommen lassen.

Eine Schutzmauer wird meist in der Kindheit aufgebaut, weil man sehr verletzt wurde oder Störungen zu Bezugspersonen da waren. Weil man sich einen Fluchtraum schaffen musste für tiefen Schmerz.

Ein hartes Herz aber kann bei Menschen vorkommen, die hilfsbereit, liebenswürdig und herzlich sind. Man erkennt es daran, dass man Liebe und Zuwendung für sich nicht annehmen kann. Menschen mit einem harten Herzen leben für andere, versuchen sie zufrieden zu stellen. Eigene Bedürfnisse und Wünsche werden zugedeckt, man hat keine zu haben. Es ist kein Kontakt da zum eigenen Inneren. Andere Menschen dürfen Ansprüche an mich haben, ich darf keine haben an mein Leben. Oft sind dies starke Persönlichkeiten, Erfolgsmenschen, die tüchtig und leistungsorientiert sind.

Das Herz lebt wie in einem Wettstreit, alles recht machen zu müssen, keine Fehler zu machen, keine Schwächen zu zeigen. Tief drinnen bohrt die Angst, nicht zu genügen. Darum ist die ständige Herausforderung da, sich zu beweisen. Die Kommunikation mit Außenstehenden ist für das harte Herz kein Problem, wenn es in der Helferrolle steht. Seine Fassadenhaftigkeit fällt da nicht auf. Schwierig wird es erst beim Näherkommen: in der Ehe, in einer Zweierschaft, in herzlicher Gemeinschaft mit Jesus. Dort, wo es auch ums Nehmen geht, ums Schwachsein dürfen, bedürftig sein. Da hat ein Partner »Schmalkost«.

Das stolze, überhebliche Herz

Es ist sehr um sich selbst besorgt und möchte eine tadellose Fassade vorweisen, sozusagen die Schokoladenseite präsentieren. Wir sagen: Er will sich von der besten Seite zeigen, sich aufspielen, Eindruck schinden, sich selbst beweihräuchern.

Im Kontakt mit diesem Menschen kommt man oft aus dem Staunen nicht heraus, wie viel er kann und ist und hat. Das stolze Herz lenkt so gerne das Gespräch auf Situationen aus seinem Leben, aus denen hervorgeht, was für ein toller Mensch er ist. Oder man lässt so ganz beiläufig seine eigene Wichtigkeit mit einfließen, in dem man im Gespräch Namen bekannter Persönlichkeiten miteinfließen lässt, die man gut kennt, oder Kurse und Weiterbildungen erwähnt, die man alle schon gemacht hat.

Manchmal versucht das stolze Herz seinen Hunger nach Bewunderung und Mittelpunktstellung zu verbergen, indem es abwertend über sich selbst spricht, sich klein macht, in der Hoffnung, dass man ihm widerspricht.

Das stolze Herz hungert nach Anerkennung. Ihm fehlt

das wirkliche Interesse am Ergehen des anderen. Es hat genug an sich. Das Gespräch beginnt und endet meist bei sich selbst. So ein Herz neigt zum Dominieren und Manipulieren, zum Bestimmen über die anderen, um sie sich gefügig zu machen. Meine Meinung gilt. Die anderen sollen sich nach mir richten, sonst werden sie mich kennen lernen. Rache, Verurteilung, Kritik anderer gehen im Gefolge mit.

Das unreine, unkeusche Herz

Auch in frommer Tarnung gibt es unreine, unkeusche Herzen. Das muss nicht unbedingt ein Lustherz sexueller Art sein, eines mit sexuellen Phantasien. Es kann auch Neugierde sein, ein Eindringen in den anderen, mich mit dem anderen in unguter Weise beschäftigen, sein Geheimnis lüften wollen, ihn aufdecken und bloßstellen wollen. Das unkeusche Herz holt sich etwas vom anderen und schlachtet es aus für sich.
Neid und Schadenfreude gehören zum unreinen Herzensboden. Ebenso die bitteren Wurzeln in uns, die den Boden so verunreinigen, dass sogar andere davon verunreinigt werden. (Hebr 12, 15)
Nicht gestillte Bedürfnisse schauen durch alle Knopflöcher, das Geltungsbedürfnis meldet sich.

Wir könnten weiterfahren mit dem Aufzählen der Herzensböden: das geteilte, gebrochene, wetterwendische, sorgenvolle, rebellische, anklagende, fordernde Herz usw.
Unsere Herzensböden sind ja meist richtige Mischböden. Wir spüren die Wichtigkeit der Herzenserneuerung, da-

mit unsere Kommunikation aus der Tiefe verändert wird.

Jesus beschreibt diese Herzensböden im Gleichnis vom Sämann in Matthäus 13, 1-23. Das Ziel der Umgestaltung Gottes in unseren Herzen ist »das gute Land«. Der Boden, der von Gott so zubereitet wurde, dass darauf Frucht wachsen kann. Es heißt in V. 23: Er hört das Wort Gottes (und die Worte der Menschen) und versteht es und bringt dann Frucht.

Dieses verstehende Herz gehört zum »neuen Herzen«, das uns in Hesekiel 11, 19 versprochen wird: *»Ich will ihnen ein anderes Herz geben und einen neuen Geist in sie geben und will das steinerne Herz wegnehmen aus ihrem Leibe und ihnen ein fleischernes Herz geben.«*
Diese neue, fleischerne Herz ist ein festes Herz.

Das feste Herz

Es ist durch die Gnade Gottes fest (nicht hart) gegründet. Das feste Herz hat Wurzeln geschlagen, ein Fundament erhalten im Glauben an die Liebe des Vaters. Es lebt in den Ordnungen Gottes und dadurch in Frieden. Das feste Herz kann die Wahrheit zulassen. Wahrheit über sich und über andere. Vertuschung ist nicht mehr nötig. Es hat erfahren, dass die Wahrheit frei macht. Es lernt die Wahrheit Gottes aussprechen und kann Wahrheit und Liebe leben. Es dreht sich nicht um Probleme, sondern spricht Gottes Wahrheit und Verheißung als Lösung hinein.

Das barmherzige Herz

Es fühlt, leidet, trägt mit. Es ist ein Herz, das Erbarmen hat mit den Schwachheiten anderer. Obwohl es fest ist, ist es doch weich und warm, durchpulst von Liebe. Das barmherzige Herz ist weit und offen, kann geben ohne Berechnung. Es geht das Wagnis ein, ohne Schutzmauern zu leben, sich verwundbar zu machen und damit auch den Schmerz auszuhalten.

Das kindliche, vertrauende Herz

Im Normalfall sorgt das Herz eines Kindes nicht für morgen. Es vertraut, dass gesorgt wird. Es vertraut den Versprechen der Eltern und unterstellt ihnen nicht andere Beweggründe. Es ist ein anhängliches, offenes, liebebedürftiges Herz und kann das auch zeigen. Es muss nicht immer stark sein. Es darf auch für sich nehmen, es darf Wünsche äußern.

Das reine Herz

Dieses Herz lässt sich stillen bei Jesus, ist in ihm zur Ruhe gekommen. Es ist aus dem Teufelskreis des Besserseinwollens und Mehrhabenwollens herausgenommen worden und kann nun in Freiheit priesterlich Anteil nehmen an anderen Menschen.

Mit diesem neuen Herzen überbrückt Gott in uns Barrieren und Klüfte im zwischenmenschlichen Bereich. Die

Liebe des himmlischen Vaters wird in dieses Herz ausgegossen und fließt weiter in der Begegnung zum anderen. Die Frucht dieser Liebe heißt Annahme, Wertschätzung des anderen, echtes Interesse an seinem Ergehen. Ich erhalte einen Glaubensblick für den anderen. Ich sehe nicht nur auf das, was vordergründig nun einmal so ist, mit allen Unvollkommenheiten, sondern sehe in ihm das, was Gott mit ihm gemeint hat, das Bild, in das er hineingestaltet werden soll. In der Begegnung mit ihm lerne ich so reagieren, dass der andere eine Chance hat, in diese Form hineinzuwachsen. Das ist befreiender, aufbauender, fördernder Umgang miteinander. Wir stehen auf der gleichen Ebene und leben miteinander als Hoffende, die umgestaltet werden. Könnte die Weissagung in Maleachi 3, 24 nicht auch für alle unsere Beziehungen gelten, dass das Herz der Väter zu den Söhnen und das Herz der Söhne zu den Vätern sich bekehren wird? Wir rufen die Bekehrung der Herzen in Liebe zueinander aus in unseren Familien und Gemeinden im Namen Jesu.

Es ist uns klar, dass dieses neue Herz die idealste Voraussetzung ist für ein gutes Reden miteinander. Die Frage lautet nur:

Wie kommt man zu diesem neuen Herzen?

Gott will es geben. Wir können es nicht von uns aus neu machen.

Es beginnt mit dem Eingeständnis und Bekenntnis: Ja, Herr, es ist wahr, so sieht mein Herzensboden aus. Ich bitte dich um Vergebung. Reinige und verändere mein Herz. Ich gebe die Einwilligung, dass der Pflug des Heili-

gen Geistes meinen Herzensboden umpflügen und alle verborgenen Steine ans Licht bringen kann. Ich wünsche mir dieses neue Herz von dir, Vater im Himmel.
Dann heißt es: Gott wirken lassen am Herzen. Manchmal geschieht die Herzensveränderung in einer versteckten, fremden Art und Weise. Z. B. durch einen Zusammenbruch, eine Krankheit, einen schwierigen Menschen, der uns an die Grenzen der Kraft bringt. Aber der Vater nimmt uns ernst in diesem Wunsch nach dem neuen Herzen und tut es. Er weiß, mit welcher Methode er bei uns zu seinem Ziel kommt.

Wenn *Leben* nicht *Erfüllung* findet!

> **Wie bewältigen wir Single-Sein, Kinderlosigkeit und Enttäuschungen in der Ehe?**

Wenn Sie abends zwischen 19 und 20 Uhr den Fernseher einschalten – egal ob ARD, ZDF oder gar die SAT-Programme – so wird Ihnen zwischen der »Heute-Sendung« und der »Tagesschau« in den verschiedensten Variationen die Möglichkeit eines erfüllten Lebens offeriert.
Ob das nun die »Krönung des Lebens« ist durch einen bestimmten Kaffee oder ein wollig-weiches Wonnegefühl durch einen Weichspüler. Sie können auf allen Gebieten des Lebens Erfüllung, Maximalität, höchsten Genuss erzielen. Sie haben das »weißeste Weiß«, die »zarteste Versuchung, seit es Schokolade gibt«. Sie haben höchstes Fahrgefühl und äußerste Sicherheit durch ABS, Airbag und Seitenaufprallschutz.

Also wirklich, wenn Sie sich genauestens an die Werbung halten und alle angepriesenen Produkte kaufen, dann haben Sie es erreicht: höchste Lebenserfüllung! Fragt sich nur noch, wer das alles bezahlt.

Wenn Sie dann den Fernseher ausschalten und das »Realprogramm des Lebens« anschauen, wird Ihnen bald wieder bewusst: die Wirklichkeit ist anders.

Da ist nicht alles super und in Hochglanz, nicht alles maximal und formvollendet. Da gibt es Ungereimtheiten und Situationen, die man sich zwar nicht unbedingt wünscht, die wir aber auch nicht verhindern können.
Um zu den Stichworten unseres Unterthemas zu kommen: Single – kinderlos – Eheprobleme, möchte ich Ihnen drei Szenen skizzieren:

Zwei junge Frauen haben eine gute freundschaftliche Beziehung miteinander. Vieles unternehmen sie gemeinsam, teilen Leid und Freud. Da kommt für die eine Frau eine Männerbeziehung hinzu, sie verlobt sich und heiratet auch bald. Die Freundin fühlt sich verraten, allein gelassen, als Mauerblümchen. Was soll ihr das Leben, wenn sie allein bleiben muss?

Ein junges Paar erhielt am Hochzeitstag die riesige Überraschung, dass eine Großtante ihnen ihr großes Einfamilienhaus versprach und vererbte. Ideal für eine große Familie. Und eine große Familie wollten sie werden, viele Kinder haben. Aber seither warten sie vergeblich auf Kindersegen. Er bleibt ihnen verwehrt. Selbst der Arzt hat keine Erklärung dafür.

Seit über 20 Jahren sind sie verheiratet – glücklich, wie sie immer betonten. Eine normale, gute Ehe. Da lernt er bei einem Firmenfest eine andere Frau kennen, verknallt sich in sie. Er zieht Hals über Kopf zu Hause aus und wohnt nun bei der »neuen Flamme«.

Drei besondere Situationen? Zugleich aber auch drei ganz normale, also mögliche Situationen!
Eines haben alle drei Beispiele gemeinsam: es fehlt etwas, ein Mangel wird offenbar, ein Defizit im Leben

und in der Beziehung zeigt sich.

Das sind aber jetzt nur drei Beispiele aus dem Bereich der Beziehungen. Wir könnten mühelos eine Vielzahl weiterer Mangelbereiche aufzählen, Bereiche des Lebens, wo uns höchste Erfüllung versagt bleibt oder abhanden kommt.

Darf ich noch einige Stichworte nennen?

Fehlende Gesundheit, knappe Finanzen, schlechte Arbeitsbedingungen, ungenügende Weiterbildungsmöglichkeiten, fehlende Zeit zum Gespräch mit dem Partner. Es fehlt uns an Vertrauen, Liebe, Zuwendung. Das Leben scheint unerfüllt.

Und wer weiß nicht um den Teufelskreis des »nie genug«? Wenn man Gewünschtes erhält, wenn Ausstehendes Erfüllung findet, wenn sich eine lang ersehnte Hoffnung realisieren lässt, dann treten neue Wünsche auf oder das Erhaltene zeigt seine Mängel und Schwachseiten.

Wenn man erst das Haus hat, erweist es sich als unpraktisch und zu klein.

Wenn man einen Lebenspartner gefunden hat, entdeckt man plötzlich die schwierigen Seiten seines Charakters und das Zusammenleben wird notvoll.

Wenn der Kinderwunsch erfüllt wird, werden sie einem plötzlich zu viel. Sie bereiten Sorgen, gehen eigene Wege, pflegen ungute Freundschaften und fragen zu wenig nach uns. Und, und, und!

Im Grunde genommen ist es die Frage nach dem Umgang mit den großen Lebensenttäuschungen. Wir haben uns vorgestellt, dass wir in einer glücklichen Ehe, mit einem reizenden Partner zusammenleben, dass uns Kinder geschenkt werden, dass wir gesund und tüchtig durchs Leben gehen und unsere Frau stehen.

Diese Erwartungen gaben uns eine Lebensperspektive,

eine gewisse Sicherheit. Man weiß dann, wofür man lebt und wie man das Leben gestalten kann. So sieht für uns erfülltes Leben aus, wenn man weiß, für wen man lebt, wozu man da ist.

Der Zusammenbruch dieser Lebenserwartungen führt in Sinnkrisen. Der Boden wankt unter den Füßen, man wird unsicher, wie das Leben jetzt zu bewältigen ist.
Wer bin ich – ohne einen Mann?
Wer sind wir – ohne eigene Kinder?
Wie komme ich durch in dieser bedrückenden Ehe?

Krisen und Chancen und Gefahr

Krisen sind immer schwer. Sie führen in innere Not und Ausweglosigkeit. Wir möchten sie so schnell wie möglich beseitigen.
Wir schauen dann oft wie hypnotisiert auf unsere Wunschvorstellung fürs Leben: Ja, wenn ich Kinder / einen Mann hätte, wenn sich mein Mann verändern würde, dann ...
Solange wir so denken, drehen wir uns im Kreis und kommen nicht weiter. Erst wenn wir bereit werden, die Not so zuzulassen, dass wir sie anschauen, besprechen können, kommt ein Prozess der Veränderung und Hilfe in Gang. Dann können wir uns sogar der Frage stellen, welche Botschaft Gott mit dieser Not in mein Leben sagen will.
Krisen sind immer beides: Chancen und Gefahr. Man kann an Krisen reifen oder daran scheitern.
Zu den Gefahren gehören:
Resignation, Bitterkeit, Neid beim Vergleichen mit

anderen, innerer und äußerer Rückzug, Ersatz durch Flucht in Arbeit, Reisen, Hobby, Gemeindeaktivitäten, Beziehungen, Sucht etc.

Das könnte in den drei Bereichen, die wir hier ansprechen, ungefähr so aussehen:

Eine Singlefrau hat verschiedene Versuche gemacht, Beziehungen anzuknüpfen, die aber fehlgeschlagen sind. Nun zieht sie sich zurück. Sie findet, die Ehepaare in der Gemeinde hätten es viel besser. Aber die wollen ja unter sich sein, kümmern sich nicht um Alleinstehende, laden kaum mal ein zum Essen. Daraus kann eine Flucht in Ersatz kommen. Z. B. in zu viel Essen, Motorrad oder Auto fahren, Tagträumereien, Selbstbefriedigung etc.

Bei einem kinderlosen Ehepaar geht es meist auch durch die Phase der Auflehnung und Bitterkeit, gerade wenn man sieht, wie bei anderen ein Kind um das andere kommt. Oder man möchte sich selber vor dem Schmerz schützen, den Schwangere und Familien auslösen und zieht sich deswegen zurück. Der Ersatz oder die Flucht kann auch in verschiedene Richtungen gehen: in Arbeit, Reisen, Hobbys, Depressionen, Selbstmitleid etc.

Auch in Eheschwierigkeiten spielen die Mechanismen von Resignation, Schuldzuweisungen aneinander, Hass und Wut eine Rolle. Die Flucht kann ebenfalls in alles mögliche hineingehen: Alkohol, Arbeit, Gemeindeaktivitäten, in eine Außenbeziehung etc.

Wir wissen es alle: das ist keine Bewältigung der Probleme. Wer so reagiert, vergrößert die Not.

Krisen sind aber auch Chancen. Wer sie durchsteht, wird merken, dass zwar die Wunschtüren verschlossen bleiben, aber dass neue Türen aufgehen. Auch auf Wegen, die man von sich aus nicht gesucht hätte, ist Erfüllung zu finden.

Wie sieht das in den drei Situationen aus, die wir betrachten?
Ein kinderloses Ehepaar z. B. ist offen für eine gemeinsame Aufgabe. Oder sie gehen miteinander in ein Missionsgebiet. Sie fassen eine Adoption ins Auge (Adoption heißt nicht: ein Kind bekommen, sondern einem Kind eine Chance geben). Sie werden frei für fremde Kinder. Frei auch für die Pflege ihrer eigenen Ehebeziehung und für Freundschaften.
In Eheschwierigkeiten beginnt man plötzlich, eigene Lebensmuster zu hinterfragen, man erkennt sich selber anders und tiefer, wird barmherziger und mitfühlender mit den Nöten anderer. Man lernt eine schwere Situation durchzustehen, sich im Glauben an Gott zu hängen und alle Kraft und Weisheit sich von ihm her zu erbitten. Eine allein stehende Frau wagt sich in eine anspruchsvolle Ausbildung hinein und übernimmt eine Aufgabe mit viel Verantwortung und großem Einfluss. Eine andere sieht ihre Chance im sozialen Engagement, in der Gemeindemitarbeit, einer seelsorgerlichen Tätigkeit, im Entfalten von musischen und kreativen Gaben oder der Hilfe bei den alten Eltern.

Dabei ist immer zu beachten, dass das Loslassen der Lebenswünsche sehr schmerzhaft ist, wehtut, betrauert werden darf. Es geht nie im Hauruck, nach dem Motto: schau die Dinge einfach von der schönen Seite an und verändere deine Einstellung. Es sind Prozesse, die Geduld und Zeit brauchen, bis sie in uns etwas bewirken und sichtbar werden lassen.

Im Allgemeinen geht so ein Verarbeitungsprozess in Phasen vor sich:
Da ist zunächst die Phase des Nicht-wahr-haben-Wollens.

Das gibt es doch nicht! Doch nicht bei uns. Es darf nicht wahr sein. Man schiebt es von sich weg, hofft, man habe sich getäuscht.

Wenn man dann merkt, dass es doch einfach so ist, entsteht etwas wie eine innere Panik. Man will alles Mögliche unternehmen, versucht dieses und jenes. Man hat den Eindruck, es müsste doch irgendwie in den Griff zu kriegen sein, man müsste etwas verändern können.

Kinderlose Ehepaare unterziehen sich häufig mühsamen medizinischen Prozeduren. Ledige geben sich Mühe an Orte zu gehen, wo man jemanden kennen lernen könnte.

Wenn daraus nichts wird, kommt es oft zu chaotischen Gefühlsäußerungen.

Chaotisch deshalb, weil sie so verschieden und auch widersprüchlich sein können. Verzweiflung, Trauer, Wut, Schmerz, Auflehnung, Rebellion, Schuldzuweisungen, Hoch und Tief gehören dazu. Das ist keine leichte Zeit, auch nicht für die Umgebung.

Es mündet dann oft in eine Resignation ein, in der man aufgibt und den Eindruck hat: es nützt ja doch nichts. Manchmal gerät man in richtige depressive Löcher oder Selbstmitleidsphasen. Man zieht sich von anderen zurück, fühlt sich unverstanden und allein, sieht die eigene Not übergroß. Man erträgt Familien-Gottesdienste, Muttertag, Hochzeiten und strahlende Bräute nicht mehr.

Wenn dann in diese Phase hinein ein innerer Durchbruch zum Ja erfolgt, zum Dennoch, beginnt die Heilung. Aber wie gesagt: es ist ein Weg, ein Prozess und man kann diesen nicht einfach abkürzen. Es gibt auch bei Gott keine Grünernte.

Mir hat das Wort geholfen: »Du kannst es nicht machen, das Wesentliche wächst.«

Damit wären wir beim dritten Punkt: Das Wesentliche entdecken.

Solange wir unseren Wunschbildern und Lebensträumen nachlaufen, sind wir Gefangene von ihnen. Wir erhoffen uns von ihnen das Lebensglück und Erfüllung. Aber es ist merkwürdig: Sobald ein Wunsch Wirklichkeit wird, verliert er diese Erfüllungskraft. Wir freuen uns zwar, aber wir haben schon den nächsten bereit. Jeder erfüllte Wunsch bekommt sofort Junge. Das sehen wir bei den Kindern. Wie kann man sich sehnlichst ein Fahrrad wünschen. Aber kaum ist es da, sieht man beim Schulfreund ein besseres. Wenn man das gleiche hat, kommt das Motorrad dran usw. Es hört nie auf.

Es kann also beim Wesentlichen nicht darum gehen, dass unsere Wünsche erfüllt werden. Es geht um die Entdeckung, dass im Loslassen, im Ja zum Verzicht, zum Nicht-Haben eine innere Freiheit in uns entsteht und eine Offenheit für den, der die Hauptsache ist und der alles in allem erfüllt: Gott.

Wie das Weizenkorn, das in die Erde getan wird, dort aufweicht und stirbt. Es wird daraus ein Keimling entstehen, neues Leben und Frucht.

»Man muss etwas sterben lassen können im Leben, wenn Wesentliches gelingen soll!«

Ich sage dies jetzt nicht als billigen Trost oder so als allgemeine Glaubenswahrheit. Es ist eine zutiefst geglaubte und erfahrene Wahrheit.

Es ist das Hineingeführtwerden zu den Lebensgrundlagen. Ich kann meine Identität, wer ich bin, nicht mehr über den Mann, über Kinder, über eine gute Ehe, über den Erfolg im Leben beziehen. Ich stehe nackt da vor Gott, einfach als Ich. Und ich entdecke mich da in aller

Zerbrochenheit als sein Ebenbild, als sein Gegenüber. Gott sagt sein Ja zu mir. Er gibt mir die Würde eines vollwertigen Menschen, auch ohne Ehepartner und ohne Kinder. Ich bin angenommen, geliebt, wert geachtet, trotz und mit allen Lebensschwierigkeiten und Hindernissen.

Das ist ein bewusster Schritt heraus aus allem sich minderwertig und zurückgesetzt fühlen. Wir müssen als Ledige, Kinderlose, Geschiedene und Arbeitslose die innere Scham und Schmach ablegen, die wir oft noch heimlich in uns tragen, die uns den Mund verschließt: Wer bin ich denn schon! Ehe-los, kinder-los tönt in unseren Ohren ja oft wie wert-los. Wir haben den Eindruck, dass in der Gesellschaft die Verheirateten, die Familien mehr Achtung und Anerkennung haben. Sie sind die Mehrheit, das Normale.

Der Wert eines Menschen besteht aber nicht in dem, was er leistet und vorzuweisen hat. Jeder Mensch hat Eigenwert, Personwert, göttlichen Wert.

Das, was wir sind, sind wir durch Gott. Durch ihn sind wir königliche, priesterliche, freie Menschen. Wir sind wie ein Zeichen, hineingestellt in diese Welt, um damit zu zeigen, dass die Hauptsache, das Eigentliche und Wesentliche nicht im Haben besteht, auch nicht im »Sein wie alle anderen«, sondern in der Hingabe des Lebens an den Gott, der uns liebt.

Erlauben Sie mir ein persönliches Zeugnis zum Thema: Erfülltes Leben ohne Kinder?!

Elternschaft – das war die selbstverständlichste Erwartung für uns am Anfang unserer Ehe. Wir hatten beide Kinder sehr gerne, und wir wollten darum sehr gerne eigene Kinder! Dass sich diese bald einmal einstellen würden, war für uns gar keine Frage. Als dann Wochen und Monate verstrichen ohne die einschlägigen Anzeichen einer Schwangerschaft, trösteten wir uns mit den Worten: »Gut Ding will Weile haben!«

Spätestens nach einem Jahr fragten wir uns dann: Was tun, wenn sich nichts tut?

Hoffen, warten, beten und ärztliche Untersuchungen mischten sich in unserem Herzen mit der Ahnung, dass als Resultat unter dem Strich stehen könnte: Berufung zur Kinderlosigkeit.

Die ersten sieben Jahre unserer Ehe waren von diesem Auf und Ab, von Erwarten und Sich-Abfinden geprägt.

Als ich in einer schmerzerfüllten Nacht als Notfall ins Spital musste und die Diagnose »geplatzte Eileiterschwangerschaft« hieß, wurde die Hoffnungstür, die schon fast geschlossen war, nochmals kurz aufgerissen, um dann endgültig ins Schloss zu fallen.

Nach der Operation war jede Schwangerschaft undenkbar!

Der Prozess des Sich-Abfindens, des Jasagens zur Kinderlosigkeit war zu diesem Zeitpunkt für uns weitgehend abgeschlossen. Die Frage um Pflegeelternschaft oder Adoption bewegten wir zwar, war aber eigentlich nie eine zutiefst aktuelle Frage.

Wenn uns eigene Kinder versagt blieben, so wollten wir offen sein für eine Führung und Dienstanweisung von Gott, die wir im »Alleingang als Ehepaar« besser gestalten konnten. Als Vollzeitler im Reich Gottes – wir leiteten sieben Jahre lang eine Gemeinde – konnten wir beide unsere Zeit und Kraft investieren. Eine spezielle Berufung zum Aufbau der landesweiten Kinderarbeit und Mitarbeiterschulung unserer Denomination war für uns eine Bestätigung, dass Gott uns Kinder nicht vorenthalten wollte, sondern sie uns schwangerschaftsfrei zu Hunderten schenkte.

Auch unsere Patenkinder waren da eine »flankierende Maßnahme Gottes« in unserem Leben.

Wir erlebten dies aber alles nicht als »Ersatz« oder als Sublimation. Neben Augenblicken, wo das »es wäre halt schön gewesen, wenn wir auch Kinder hätten« durchbrach, konnten wir mit einem inneren Ja zur Kinderlosigkeit unseren Weg gehen. Gott hat uns in unserem Miteinander als Eheleute reich beschenkt.
Manches, was wir persönlich tun und erleben konnten, und vieles im gemeinsamen Dienst wäre mit Kindern so nicht möglich gewesen. Wir betrachten es als heilendes Handeln Gottes an und in unserem Leben, dass wir nicht immer wieder dieses »Wenn-dann« sprechen mussten und müssen: Wenn wir Kinder hätten, dann ...!

Ich möchte es als Dank an Gott aussprechen – aber auch als Ermutigung für Ehepaare, die noch nicht »überm Berg« sind: unser Herz ist frei geworden von Schmerz, wenn wir das Elternglück anderer sehen. Wir können uns aufrichtig freuen an andern Kindern, sie lieb haben und segnen. Gott hat immer wieder unseren Mangel gestillt und wir vertrauen ihm, dass er dies auch in den Augenblicken tut, wo wir das Fehlen eigener Kinder (und Enkelkinder!) als Verlust empfinden.

Es gibt erfülltes Leben trotz unerfüllter Wünsche

Drei wichtige Schritte sind dazu nötig:

1. Annahme meiner Lebensgeschichte

Das Ja zu meinem Weg, zum Schweren und Schönen, auch zum Unverstehbaren und zum Bruch. Es ist das Ja, das ich Gott im Glauben gebe, dass er mein Leben in der Hand hat und führt.
Dieses Ja führt mich aus der Auflehnung hinaus in die Versöhnung.
Wenn ich zu diesem Ja bereit bin, kann ich auch den Trost hören und empfangen, kann mich trösten lassen. Gott heilt und verbindet Wunden.
Damit hat auch der Friede Gottes die Möglichkeit, in meinem Herzen zu regieren. Er breitet sich in den Gedanken und Gefühlen aus. Wenn dann die Situationen kommen, wo die Ledige zum Hochzeitsfest eingeladen wird, die Kinderlose einen Besuch macht nach der Geburt eines Kindes, die Geschiedene im Hauskreis bei lauter glücklichen Ehepaaren sitzt, spürt man auf einmal, wie dieser Friede Gottes frei macht zum Mitfreuen, zur Anteilnahme.

2. Entscheidungen, die ich treffe

Ich entscheide mich zum Vertrauen.
Es nistet sich in unserem Herzen ein rechtes Stück Misstrauen ein, wenn sich Lebenswünsche zerschlagen. Vielleicht ist Gott gar nicht so gut, wie immer behauptet

wird? Es könnte sein, dass bei mir etwas nicht stimmt, wahrscheinlich glaube ich nicht richtig. Das legt sich wie ein Mehltau auf unser Leben.

Vertrauen heißt aber: Ich zweifle nicht an der Vatergüte Gottes und seinen guten Absichten mit meinem Leben. Sein Weg ist heilig. Ich halte daran fest, dass Gott mich auf diesem Weg zum Ziel bringt.

Ich entscheide mich zur Zufriedenheit.

Es gibt immer noch mehr, noch Besseres und Schöneres, das mir in die Augen sticht und zum Vergleichen verlockt. Zufriedensein heißt: Frieden haben über dem, was ich habe. Danke sagen für das, was ich habe. Mich freuen an dem, was mir geschenkt wurde. Etwas machen mit meinen Lebensmöglichkeiten.

3. Ich ziehe Konsequenzen aus meinen Entscheidungen

Ich will zu mir und meinem Leben, unserer Ehe und dem, wie wir es haben, stehen. Ich brauche den Schmerz nicht zu vertuschen, wenn Schmerz da ist.

Ich will mich auf den Weg machen und meine Originalität entdecken. Welche Berufung liegt wohl auf meinem Leben?

Das bräuchte auch Gespräche und Gebete mit anderen Menschen. Man darf im Gebet um konkrete Offenbarung und Hinweise bitten. Wir dürfen und sollen auch einander Hinweise geben und sagen: Du, da hast du eine Gabe. Ich glaube, da meint Gott dich. Prüfe es. (Nicht nur: die Ledigen sind praktisch in der Gemeinde für die Sonntagsschule.)

Ich will kreativ werden und Mut haben zu neuen Wegen!

Wir leben so oft in vorgefassten Meinungen und festgelegten Vorstellungen. Aber das Leben ist viel weiter und größer. Man muss nicht von 16-65 Jahren im gleichen Beruf bleiben. Man darf auch wechseln, experimentieren, es nicht als Schlappe ansehen, wenn etwas daneben geht. Ich weiß, dass jeder heute froh ist um eine sichere Arbeitsstelle. Aber vor lauter Absicherung wagen wir keine Lebensrisiken mehr.
Wagen Sie zu träumen von neuen Wegen! Lassen Sie sich neue Ideen schenken zum Gewinnen von Menschen für Gottes Reich.
Ich will lebbare, gangbare Alternativen suchen, die meinem Leben Erfüllung und Befriedigung geben.

»Er sagte ihnen aber dies Gleichnis: Es hatte einer einen Feigenbaum, der war gepflanzt in seinem Weinberg. Und er kam und suchte Frucht darauf und fand keine.
Da sprach er zu dem Weingärtner: Siehe, ich bin nun drei Jahre lang gekommen und habe Frucht gesucht an diesem Feigenbaum und finde keine. So hau ihn ab! Was nimmt er dem Boden die Kraft?
Er aber antwortete und sprach zu ihm: Herr, lass ihn doch dies Jahr, bis ich um ihn grabe und ihn dünge; vielleicht bringt er doch noch Frucht, wenn aber nicht, so hau ihn ab.«

Eine Buchmalerei aus dem 10. Jahrhundert stellt uns das Gleichnis vom unfruchtbaren Feigenbaum sehr ungewöhnlich dar. Erzähler und Erzählung sind in einem einzigen Bild zusammengefügt und treten in Beziehung zueinander. Damit stehen Baum und Weingärtner mitten in der Gegenwart, sozusagen auf unserem Lebensweg. Jesus, der mit einigen Jüngern von links kommt, spricht den Weingärtner an und erhält offensichtlich dessen Antwort. Ist Jesus selber der Besitzer des Weinbergs? Hat er in den drei Jahren seines Wirkens immer wieder vergeblich nach der Frucht des Feigenbaums gesucht?

Genauso ungewöhnlich und noch auffälliger ist die Darstellung des Feigenbaumes. Durch die eifrige Arbeit des Weingärtners ist ein zweiter Baum gewachsen, ein Weinstock. Er hat sich um den fruchtlosen Feigenbaum gerankt und ihn mit seinen Trauben behängt: geschenkte Frucht.

Jesus sagt: Ich bin der Weinstock. – Und wer ist der Feigenbaum? Ist es Israel? Ist es die Menschheit insgesamt? Petrus steht direkt hinter Jesus. Sein Blick verrät Betroffenheit. Seine Geste fragt: Bin ich's? Mit Petrus halten auch wir inne und fragen: »Bin ich's?«

(aus: Freundesbrief aus Gnadenthal, Sept. 3/88)

Bildmeditation: »Der unfruchtbare Feigenbaum«

Aus: Evangeliar Ottos III, Reichenau, Ende 10. Jhd., Bayerische Staatsbibliothek, München

Der Künstler hat wohl aufgrund der Aussage, dass der Feigenbaum in einem Weinberg stand, etwas gemalt, was so im Text nicht ausgesagt ist. Trotzdem hat er eine zutiefst biblische Wahrheit ausgedrückt.
Der Weinstock beschert dem fruchtlosen Feigenbaum Früchte ganz anderer Art. Wir – in den Weinstock Jesus Christus eingepropft – bringen Früchte nicht aus uns, nicht am alten Stamm, sondern durch den Glauben an Jesus, durch den Heiligen Geist gewirkt. Aus Johannes 15 wissen wir, dass Frucht nur durch Beschneidung wird.

Der Weingärtner erklärt: »Nur drei Augen an einigen starken, gesunden Trieben lasse ich stehen. Über dem dritten Auge wird abgeschnitten. Alles Wilde und Schwächliche wird ganz abgeschnitten. Die drei Augen, die dem Stamm am nächsten sind, sollen mit der vollen Kraft des Weinstocks austreiben. Das gibt gute Trauben!«
Die drei Augen, die dem Stamm am nächsten sind... – Ich muss über dieses Bild immer wieder nachsinnen. Es deutet eine doppelte Konzentration an: durch die kleine Zahl und durch die Nähe zum Stamm. Konzentriert leben...!
Für den Erfolg im Beruf, für die Leistung im Sport, für das Erreichen eines bestimmten Zieles ist Konzentration der Kräfte selbstverständlich. Man muss sich entscheiden, Prioritäten setzen, vieles weglassen. Und man tut es. Das Ziel eines Lebens mit Gott ist höher als jedes andere Ziel. Es ist es wert, alle Kraft dafür einzusetzen, alles Nebensächliche nebensächlich sein zu lassen.

Nun mag die Frage auftauchen: Wieso bei diesem Thema dieses Gleichnis? Ist es nicht deplatziert?
Vielleicht ist uns aber schon selbst der Gedanke gekom-

men: als Ledige, als kinderloses Ehepaar, als in der Ehe unerfüllt lebender Partner sind wir wie der unfruchtbare Feigenbaum. Und wir leiden auch darunter!

Vielleicht haben andere uns gegenüber in Bemerkungen und Andeutungen solche Anspielungen gemacht? Vielleicht geschah es vorsichtig, einfühlend, vielleicht plump und taktlos, dass es uns schmerzte und wehtat.

Ja, in dieser speziellen Thematik des »nicht erfüllten Lebens« gleichen wir dem unfruchtbaren Feigenbaum. Wir sind in gewissem Sinne Beschnittene. Bis auf drei Augen! Oder empfinden wir gar: alle Augen sind weggeschnitten? Zumindest die Augen, die uns Partnerschaft und Leibesfrucht gebracht hätten, sind abgeschnitten. Steht nun auch über unserem Leben ein für allemal: Haut ihn ab!?

Hier möchte ich nun den Durchbruch des Bildes vollziehen, den der Künstler auch vollzogen hat. Um den unfruchtbaren Feigenbaum rankt der Weinstock seine Reben mit seinen Früchten. Es gibt auch für uns in unserer besonderen Situation so etwas wie »geschenkte Frucht«.
Aber die für uns unerfüllte Lebenssituation ist nicht Strafe Gottes über unserem Leben. Darum gilt auch nicht das strafende Urteil: Haut ihn ab! Es ist eine indirekte Wegführung! Die Erfüllung bestimmter Lebenswünsche ist uns verwehrt, aber die Möglichkeit der »geschenkten Frucht« ist uns offen.
Solange wir fixiert sind auf das, was uns vorenthalten ist, sind wir nicht frei, die »geschenkte Frucht« zu genießen. Dieser Moment könnte zu einem Wendepunkt werden, wo wir beginnen vom »erstorbenen Baumstrunk« wegzuschauen und den »Weinstock neben uns« erkennen,

der bereits Früchte angesetzt hat. Wir dürfen in einer anderen, neuen Weise frei und fruchtbar werden für Gott!

Leben –
oder gelebt werden?

An einem Wochenende für Geschäftsleute stand dieses Thema auf dem Programm. Es war in vier Verantwortungsbereiche aufgeteilt:

- Arbeit
- Ehe und Familie
- Engagement in der christlichen Gemeinde
- und meiner eigenen Person gegenüber

Der vierte Teil ist mir zur Vorbereitung zugefallen.
Während ich den anderen Referenten zuhöre, merke ich etwas von der ungeheuren Spannung, die sich im Zuhörerkreis aufbaut.
Jeder einzelne Bereich hat in sich die Tendenz, den Menschen ganz zu vereinnahmen. Wie »Allesfresser« kommen sie mir vor.
Herausfordernd groß stellt sich die Verantwortung für ein eigenes Geschäft dar. Kunden, Mitarbeiter, Planung, Werbung, Bilanz, Konkurrenz, Rezension – es droht einen zu erdrücken.
Auch im Kleinbetrieb des Haushalts hat man oft den Eindruck des »Nie-fertig-Werdens«, dauernd bleibt man gefordert.

Aber dann kommt der nächste Bereich von Ehe, Familie samt all den freundschaftlichen, nachbarschaftlichen Beziehungen, die Pflege brauchen. Dieser Bereich scheint

sowieso fast bei allen – vor allem den Männern – mit dem Stempel »ungenügend« versehen zu sein.
Man denkt mit schlechtem Gewissen an die guten Vorsätze zurück, die man sich bei der letzten familiären Auseinandersetzung gemacht hatte:

- einmal pro Woche einen Eheabend
- mehr Zeit für die Kinder investieren
- die Schwiegereltern wieder einmal besuchen
- ein Gartenfest für die Nachbarschaft zu arrangieren ...

Der Wunsch nach mehr Gemeinsamkeit, nach besser gepflegten, guten Beziehungen ist groß – und scheitert in der Realität dann am Satz: zu wenig Zeit.

Für Christen geht die Zerreißprobe weiter, denn wir haben unser Leben, unsere Zeit, unter die Herrschaft Gottes gestellt. Wir möchten mit allen Kräften und Mitteln mit bauen im Reich Gottes. »Jeder Christ ein Mitarbeiter«, so lautet die berechtigte Parole.
Und weil in der christlichen Gemeinde meist nicht gerade Überfluss an guten Mitarbeitern ist, braucht man diese gleich in den verschiedensten Gemeindegruppen: In der Gebetsstunde, beim Kinderhüten, im Chor und beim Straßeneinsatz, in der Putzkolonne und der Frauenstunde, ganz zu schweigen von den obligatorischen Veranstaltungen der Gemeinde, die zum Pflichtprogramm gehören.

Nun komme ich dran mit meinem vierten Bereich: »Die Verantwortung mir selber gegenüber.«
Ich komme mir vor, als ob ich das vierte Lasso über die Zuhörer werfe. An jedem Seil wird gezogen – wer wird bei den Einzelnen gewinnen?
In welche Richtung erhalten sie eine »Schlagseite«?

Ich selber bin ja auch noch ein Mensch mit eigenen Bedürfnissen. Ich möchte für mich selber ja auch noch einiges tun:
- Die neue Bassflöte habe ich mir nicht zur Dekoration gekauft, sondern zum Üben.
- Mein mühsam erlerntes Englisch bleibt nicht »up to date«, wenn ich nicht in den Englischkurs gehen kann.
- Ein Kulturbanause will ich auch nicht werden, darum kaufe ich mir schon mal Konzert- und Theaterkarten;
- und bitte: mein Körper braucht Fitness und genügend Schlaf, sonst bewältige ich mein Tagespensum wirklich nicht –
- und persönliche Austauschzeit mit meinem Herrn – ist das nicht oberste Priorität!?

Ach, was sollte der Mensch doch nicht alles unter einen Hut bringen!
Kein Wunder, dass so viele sich überfordert und erschöpft fühlen. Sie werden gelebt und durch die Tage gehetzt von den Ansprüchen und Erwartungen, die andere Menschen – und die eigene Idealvorstellung des Lebens – an sie richten und leiden daran, dass sie am Leben vorbei leben

Nur, wie soll man das denn besser und richtig machen?
Denn alles ist an sich richtig und hat seine Berechtigung!
Geht es nur ums Vermeiden von Einseitigkeit, ums Ausbalancieren der verschiedenen Lebensbereiche?
Mir kommt das Bild vom Mobile in den Sinn. Wie muss man doch beim Basteln ausbalancieren, den Faden verschieben, um das richtige Gleichgewicht der einzelnen Stäbchen herauszufinden!

Gleichgewicht!

Könnte Leben etwa heißen: Alles gleich gewichten, dem rechten Platz zuordnen, eine innere Harmonie herstellen?
Dieses Bild gefällt mir. In Gedanken sehe ich mich die einzelnen Bereiche am Lebensmobile ausbalancieren.
Einiges muss verschoben werden, weiter weg oder näher hinzugerückt werden. Mit der Zeit drehen und kreisen sie frei schwebend, am Faden in der Mitte aufgehängt, umeinander, ohne sich zu berühren, ohne Zusammenstöße, wie ein wunderschöner Tanz.
Bitte öffnen Sie jetzt nicht das Fenster! Jeder Luftzug gefährdet die Harmonie und wenn es gar zum Durchzug kommt, verwirren sich die Fäden ineinander und das ganze wohl ausgeklügelte System bricht zusammen, hängt schief da.

Leben geschieht nie im völlig geschützten und windstillen Rahmen. Der Wind bläst uns oftmals scharf um die Ohren, selbst Stürme fehlen nicht.
Mein schönes Lebensmobile scheint zu zart und idealistisch zu sein für die Realität.
Gibt es dann aber eine Auflösung der Spannung, eine Hilfe vor dem Zerrissenwerden, echtes Leben, das gestaltet und gemeistert werden kann?

Immer stärker wird mir bewusst, dass ich meine Sicht der Gleichberechtigung aller Lebensbereiche verändern muss. »*Du hast dich abgemüht mit der Menge deiner Wege*«, sagt Jesaja mahnend in Kapitel 57.

Ich brauche eine Prioritätenliste, muss Ordnung hineinbringen.

Es fällt mir nicht leicht, gegeneinander abzuwägen, was über- und untergeordnet werden soll, denn alles ist wichtig! Aber wozu gibt es denn heute so schöne Agenden? Mit Leder-, Plastik-, Stoffhüllen eingefasste Jahrestimer, die uns geradezu verlocken, die verschiedenen Termine, Verpflichtungen, Besuche und Arbeiten einzutragen. Mit einer guten Planung ist schon fast die Hälfte gemacht!
Obwohl ich die Hilfe durch eine gute Planung kenne, merke ich, dass eine neue Agenda und eine bessere Zeiteinteilung noch nicht die Lösung des Problems bringen. Die Frage nach »Leben oder Gelebtwerden« setzt tiefer an. Es ist eine der Grundfragen, die an unsere Existenz rühren.

Wir kommen dem Eigentlichen des Problems näher, wenn wir uns fragen:
- Wer bestimmt über mich?
- Wem gehorche ich?
- Nach wem richte ich mich?
- Auf wen höre ich?
- Was gilt in meinem Leben?
- Wer hat in meinem Leben etwas zu sagen?

Bei der ehrlichen Beantwortung dieser Fragen erkennen wir unsere Abhängigkeiten.

Ein Kind richtet sich normalerweise nach dem, was die Eltern sagen. Je älter es wird, desto wichtiger wird die Meinung der Gleichaltrigen, später dann die Meinung des Freundes, der Freundin. Erwachsenen gilt meist das, was der Ehepartner sagt. Aber auch die Freunde, Nachbarn, Eltern, Schwiegereltern, die Gemeinde sind von Bedeutung und prägen unser Tun und Sein. Die verschiedenen Medien beeinflussen unser Denken und Handeln. Obwohl man sich meist als immun gegenüber verführerischer Werbung, dem Modediktat und Zeitgeist erachtet, entdeckt man plötzlich, wie sich das: »Man denkt und tut und trägt das heute so« bei uns eingeschlichen hat. Man fliegt im Frühling nach Mallorca, man fährt Audi, man trinkt Clausthaler (nicht immer, aber immer öfter), man braucht alle fünf Jahre eine neue Polstergruppe. Man weiß, was »in« und »out« ist. Selber denken, zu sich selber stehen, wird zu mühsam, die Gedankenanstöße werden ja frei geliefert, man liegt gern im Trend! Man lässt sich leben. Der Zeitgeist lässt grüßen!

Die Ansprüche und Erwartungen, die andere Menschen an uns richten, gehören wohl zu den größten »Lebensfressern«. Frauen mit einer schwachen Abgrenzung zu anderen hin, werden manchmal regelrecht »verschluckt« von Fremdansprüchen. Sie geben ihr eigenes Leben auf zugunsten anderer.
»Würdest du für mich den Abenddienst übernehmen? Ich möchte in ein Konzert.« – »Könntest du mir die Kinder hüten am Donnerstagmorgen? Ich habe einen Arzttermin.« – »Kommst du morgens und abends bei mir vorbei, um mir die Augentropfen reinzumachen?« Du bist nötig, wirst gebraucht, niemand kann das so gut wie du ... Das schmeichelt zwar unserem meist etwas angeschlagenen Selbstwert, ist aber verführerisch und treibt uns in die Falle der Abhängigkeit.

Sich leben lassen von den Ansprüchen anderer Menschen ist aber nur die eine Seite. Die andere Seite kommt aus uns selber, aus den inneren ungestillten Bedürfnissen, Ängsten, Sehnsüchten.

Sorgen und Ängste gehören mit zu den Lebensbeherrschern und Lebenszerstörern. Sie lähmen uns und verhindern ein mutiges Anpacken und Bewältigen des Lebens.

Es eignet sich fast alles, um sich darüber Sorgen zu machen: die Kinder, die Zukunft, Finanzen, Gesundheit, die Arbeitsstelle, der Hausbau ... Wir haben Angst, etwas zu verpassen, etwas zu verlieren, nicht zu genügen, es könnte etwas passieren.

Spüren Sie, wie wir damit eingeengt werden? Das Wort »Angst« hängt ja mit dem Wort »Angina« zusammen. Es schwillt auf im Hals und wird eng. Das Leben wird eng, wenn wir uns von Sorgen und Ängsten beherrschen lassen. Man könnte die schönsten Dinge besitzen, und es doch nicht genießen, weil die Sorgen uns die Freude daran rauben.

In diese Kategorie gehören auch die Minderwertigkeitsgefühle. Sie verwehren uns das frohe, eigenständige Leben, weil man sich gar nicht getraut, weil man es sich selber nicht zutraut, dass man etwas zu sagen hat, aus diesem anvertrauten Leben etwas Schönes machen darf und kann.

Falsche Rücksichtnahme, Menschenfurcht und Menschengefälligkeit, Schuldgefühle, ein schlechtes Gewissen bringen uns in innere Unfreiheiten, die uns Leben rauben. Die Gedanken und Gefühle sind dann nicht mehr frei. Wir leben in dauernder Reflektion auf das, was die anderen dazu sagen. Wir fürchten uns im Voraus vor den Reaktionen und lassen unser Tun davon steuern.

Damit ich in eine innere Unabhängigkeit, in eine Freiheit gelangen kann, muss ich mich entscheiden, wer in meinem Leben zu bestimmen hat. Natürlich möchte ich selbst bestimmen! Eigenbestimmung, Selbstbestimmung ist doch eine wichtige Sache! Oder etwa nicht?

Den Frauen ist in den vergangenen Jahren oftmals eine Opferrolle aufgedrückt worden, die wir unbesehen angenommen haben. Da ist logischerweise auch der berechtigte Wunsch erwacht, aus falschen Lebensmustern auszubrechen, die Erwartungen anderer abzuschütteln und sich selbst zu werden, für sich selbst zu leben, für sich selbst zu entscheiden. Hauptsache, es gefällt mir und es stimmt für mich! Die anderen sollen sich um sich selbst kümmern. Jeder ist für sich selbst verantwortlich. Die Tendenz in dieser Richtung nimmt zu.

Selbstbestimmung gefällt dem Menschen. Es ist aber ein Trugschluss zu denken, dass wir damit in eine echte Freiheit kommen. Denn auch die Selbstbestimmung, die Herrschaft des Ichs, ist eine Diktatur. Wenn der Mensch zum Maß aller Dinge wird, wird es oft unmenschlich.

Merken Sie, dass wir wirklich zum zentralsten Thema der Menschheitsgeschichte kommen? Wie war das damals im Paradies bei Adam und Eva? Die Schlange verführte sie mit dem Gedanken: Wenn ihr das Gebot Gottes übertretet und von diesem Baum esst, dann werdet ihr selbst bestimmen können, was gut und böse ist, dann werdet ihr sein wie Gott!
Dieser Gedanke ist verlockend! Selbst bestimmen, mir nicht mehr von Gott etwas sagen lassen! Unabhängig werden von Gottes Ordnungen und Geboten! Das hat damals zum Sündenfall, zum Bruch der Beziehung mit Gott geführt.

Selber das Leben im Griff haben wollen, der ganze Trend zum narzisstischen Egokult, zur Selbstvergötzung, ist genauso eine Versklavung, wie die Fremdbestimmung durch andere Menschen, Meinungen, Zeitgeist und Modetrends.

Es gibt nur einen, der uns aus der Versklavung an uns selbst oder an andere herausführt: Jesus Christus, der sich selbst als Opfer für uns hingab, damit die Fesseln gesprengt werden, und wir zu wahrhaft Freien werden.

Der Prophet Jesaja jubelt im 9. Kapitel im Voraus darüber, dass einmal der Befreier kommen wird, der das drückende Joch der Fremdherrschaft von den Schultern wegnehmen wird und den Stecken des Treibers zerbrechen wird.
Er, Jesus, hat uns freigekauft durch seinen Tod am Kreuz auf Golgatha, damit wir befreit leben können. Er sagt von sich: **»*Ich bin gekommen, damit sie das Leben und volle Genüge haben sollen.*«**

Um diese große Entscheidung kommen wir nicht herum. Wir entscheiden uns für Jesus, für den Lebensfürsten, für das Leben! Das hat Kosequenzen! Damit bejahe ich auch bewusst die Abhängigkeit von Gott. Ich entscheide mich, auf Gottes Stimme zu hören, mich von ihm führen und bestimmen zu lassen.
Manchmal fällt es einem leichter, sich für Jesus zu entscheiden, als für die Bejahung des eigenen Lebens. Ich erlebe immer wieder, dass Frauen sich heimlich den Tod wünschen, Todessehnsüchte oder eine Lebensverneinung in sich tragen. Wir leben heute in einer todverfallenen Welt und merken oft nicht, wie das unser Leben lähmt. Der Tod ist nicht »unser Freund«. Die Bibel nennt

ihn »der letzte Feind«. Jesus hat ihn durch seine Auferstehung bereits besiegt. Aber erst dann, wenn Gottes neues Reich anbricht, wird es auch für uns Menschen erfahrbar sein, was es heißt, wenn es keinen Tod und keine Tränen mehr gibt.

Ich lade solche Frauen jeweils ein, vor Gott um Vergebung zu bitten für ihre Todeswünsche und die Lebensverneinung, und es dann klar und bewusst auszusprechen: Ja, ich entscheide mich zum Leben, ich will leben, und ich stelle mein Leben unter die Herrschaft des Lebensfürsten Jesus Christus.

Leben bedeutet nicht, selber tun und lassen, was man will. Leben heißt: wieder Anschluss finden an die Quelle des Lebens, an Gott. In eine versöhnte, geheilte Beziehung kommen zum Ursprung des Lebens, zu dem, aus dem mein Leben entspringt und zu dem es zurückkehrt. Da kommt mein Leben in der großen Hauptlinie in eine Ordnung, die sich dann auch durch alle anderen Lebensbereiche durchzieht.

Ist unsere Bemühung, es allen Leuten recht zu machen, möglichst alle Erwartungen zu erfüllen, nicht der Versuch, uns beliebt zu machen, Anerkennung zu erhalten, geachtet zu werden?

Jesus muss es auch uns sagen: Ihr sucht die Ehre von Menschen, statt die Ehre bei Gott. Das ist die falsche Quelle. Sie kann den inneren Durst nach Wertgeachtetsein und Würde letztlich nicht stillen.

Gott selber will uns die Würde geben, die wir zum Leben brauchen. Er nennt uns Geliebte, Auserwählte, Heilige, Wertgeachtete.

Als Frau, die von Gott zum Leben berufen ist, muss ich jetzt aber auch bewusst einige Entscheidungen treffen, die mir zum Leben verhelfen. Wenn ich das nicht tue, entscheiden andere für mich, und das nicht immer zu meinen Gunsten.

Ich gebe das Selbstmanagement meines Lebens ab und unterstelle mich der Herrschaft Gottes.
Er ist mein Chef. Ich entscheide mich, ihn zu fragen, auf ihn zu hören, ein von ihm abhängiges Leben zu führen.

Ich lasse mir nicht von der Arbeit, den Erwartungen der Menschen, den äußeren Umständen diktieren, wie ich leben und was ich tun soll.
Ich staune über Maria aus Bethanien! Die hatte Mut!
Inmitten einer außergewöhnlichen Besucherinvasion von 13 hungrigen Männern und jeder Menge Arbeit, entscheidet sie sich zum Zuhören und Hinsetzen. Sie lässt die Hände ruhen und genießt die Gegenwart Jesu. Sie nimmt die Spannungen mit ihrer Schwester Martha in Kauf und wagt es, zu dem zu stehen, was sie jetzt, in dieser Situation, als Wichtigstes erkannt hat. Sie lebt und ich bewundere sie dafür, auch wenn ich im Stillen sofort denke: Was würde geschehen, wenn alle sich dieses Recht herausnehmen würden?
Darf man so egoistisch sein?
Müsste Jesus Maria nicht ermahnen und an die treue Pflichterfüllung erinnern?
Nichts dergleichen geschieht. Jesu Worte müssen in Martha's Ohren wie eine Provokation geklungen haben: Maria hat das gute Teil erwählt. Sie hat es richtig gemacht.
Leben heißt: sich nicht von außen, sondern von innen, d. h. von Jesus, regieren lassen.

Ich vertraue Jesus, dass mein Leben unter seiner Führung gelingt.
Er hat den besseren Überblick als ich und weiß, was für mich, die Arbeit, meine Ehe und Familie samt der Gemeinde gut ist. Er wird mir den rechten Weg weisen.
Leben heißt: sich Jesus anvertrauen.

Die Besprechungen mit meinem Herrn sind das Allerwichtigste!
Ich will mir täglich Zeit nehmen und mit ihm über die Gestaltung des Tages, der Woche, der Zukunft sprechen. Er darf mir sagen, was das Wesentliche ist, was »dran« ist. In meine Agenda trage ich ein, was ich vor Gott als wichtig erkannt habe in Bezug auf Beziehungspflege, Arbeit, Freiraum für mich, Mitarbeit in der Gemeinde.
Leben heißt: Prioritäten setzen, Ordnung schaffen und dann in Gelassenheit eins ums andere tun.

Ich wähle die Abhängigkeit von der Meinung meines Herrn, um mich vor dem Urteil der Menschen nicht mehr zu fürchten.
Wie habe ich mich doch früher oft gewunden, wenn ich Nein sagen, eine Bitte abschlagen musste – aus Angst, was man über mich denkt. Ich wollte doch niemanden enttäuschen oder das gute Ansehen verlieren. Die Anerkennung versuche ich vermehrt vor Gott zu finden und merke dabei, dass ich sicherer werde, wenn ich eine andere Ansicht oder eine Absage vertreten muss.
Leben heißt: Gottesfurcht macht mich frei!

Ich entsage dem Wunsch, es besser machen zu wollen als andere und trete aus dem Vergleichen und Rivalisieren mit anderen aus.

Ich darf und will ich sein, und ich darf mich so ins Leben hineingeben, wie ich bin, sogar mit Fehlern und Unvollkommenheiten.

Es war eine erschütternde Entdeckung, als mir auf der Heimfahrt nach einem Vortrag bewusst wurde, dass ich ein durch und durch stolzer Mensch bin. Meine Überlegungen kreisten nur um das eine, was ich hätte besser tun sollen, wo mir ein Fehler unterlaufen war und was für ein schlechtes Bild ich wohl abgegeben habe. Ich danke Jesus immer wieder für das Offenlegen meines Herzens mit den verborgenen Wünschen nach Gutsein, Ehre und Ruhm. Demut hat seither eine neue Bedeutung für mich bekommen, weil dieses Wort zum echten Leben führt, zum Wahrsein im Umgang mit mir und anderen.

Leben heißt: in Echtheit und Demut ich selber sein und mit den Gaben und Grenzen, die ich habe, mich in die Gemeinschaft einbringen.

Ich gestatte mir, eine Lernende zu bleiben.

Meine Erkenntnis ist immer unfertig und ergänzungsbedürftig. Dieses Wissen löst mich aus der Angst, etwas zu sagen, was nicht schon hundertmal von christlichen Leitungsgremien abgesichert ist. In zehn Jahren werde ich über manches anders denken. Die Erfahrung wird Korrekturen anbringen. Ich vertraue darauf, dass der Herr mich durch seinen Geist lehrt und mir seine Sicht offenbart. Mein Wissen ist Stückwerk, ist vorläufig.

Leben heißt: sich verändern, am Lernen bleiben.

Das, was ich tue, will ich ganz tun. Dort, wo ich bin, will ich ganz sein.

Eine junge Frau erzählte mir, dass sie einfach nie glück-

lich in der Gegenwart leben könne. Sie denke ständig voraus, stelle sich die Situationen vor und frage sich, wie sie dies und jenes wohl lösen könne oder ob sie morgen in der Stadt einen Parkplatz finden werde. Durch dieses Denken wurde sie unfähig, ihre Alltagssituation froh zu gestalten und die schönen Augenblicke zu genießen.
Leben heißt: da, wo ich bin, ganz sein, das, was ich tue, ganz tun.

Ich bejahe mein Leben, weil ich daran glaube, dass Gott mich führt.
Hinter meiner Geschichte steht der lebendige Herr, dessen Augen mich schon sahen, als ich im Leib meiner Mutter Gestalt annahm. Alle Tage meines Lebens sind in Gottes Buch aufgeschrieben, sagt der Psalmist. Wieviele Lebensblockaden habe ich schon kennen gelernt, bei mir und anderen, durch Selbstmitleid, durch negatives Denken und Reden über sich selber.
Leben heißt: »Ja sagen« – zu mir selbst, zu meiner Geschichte, zu meinem Weg, weil ich von Gott geführt bin.

Der Kirchenvater Augustinus hat den berühmten Satz gesagt: »Selig ist, wer nicht lebt von dem, was er hat, sondern von dem, was er empfängt.«
Wenn ich nur von dem lebe, was ich in mir habe, wären meine Vorräte schnell aufgebraucht – das gäbe bald eine arme Sache.
Ich will als Empfangende leben, will selber aus Jesus heraus leben, seine Kraft beziehen, seine Liebe aufnehmen – und das Empfangene weiterschenken an andere.
Leben heißt: Kanal sein, damit Gottes Leben durch mich zu anderen fließen kann.

Die Punkte ließen sich beliebig vermehren! Leben, echtes Leben, beinhaltet so viel! Wir sprechen heute viel von Lebensqualität und meinen damit ein Leben, das sinnvoll, würdig und für den betreffenden Menschen befriedigend gestaltet werden kann. Ein gutes Motto für Lebensqualität könnte heißen: nicht dem Leben mehr Jahre, sondern den Jahren mehr Leben geben.

Auf einer Karte las ich den Satz: »Die einzige Art mit dem Leben fertig zu werden ist, es zu lieben.«

Ich entscheide mich dafür, dieses mein Leben zu lieben. Eigentlich noch viel mehr: Ich entscheide mich, dass das wahre Leben, der Lebensfürst Jesus Christus, in meinem Leben Raum bekommt. Er ist der große Liebhaber des Lebens. Er bringt alles zum Leben und zum Blühen, was er mit seiner Liebe berührt.

Damit sind wir dem Geheimnis des Lebens, der Liebe, auf der Spur. Die Liebe ist der Nährboden für das Leben. Wo Liebe ist, kann Leben gedeihen und sich entfalten. Das Angebot Jesu ist da: In Ihm gibt es das Leben und volle Genüge!

Die verschiedenen Phasen im Leben einer Frau

Vielleicht fragen Sie sich beim Lesen dieses Themas: In welcher Phase bin ich eigentlich im Augenblick? Es gibt verschiedene Einteilungen, je nach Theorie. Ein altes Bild zeigt einen Zehn-Jahresphasenüberblick. Andere sagen: alle sieben Jahre kommt ein neuer Abschnitt.
Allgemein lässt sich sagen: Leben heißt, sich wandeln.
Wir verändern uns mit dem Älterwerden. Wir kommen in eine Reifung hinein und sind – hoffentlich – nicht mehr die Gleichen wie vor 20 Jahren.
Bertholt Brecht hat das einmal treffend so formuliert:
»Ein Mann, der Herrn K. lange nicht gesehen hatte, begrüßte ihn mit den Worten: ›Sie haben sich gar nicht verändert.‹ ›Oh!‹, sagte Herr K. und erbleichte.«
Es gibt viele Frauen, die haben Mühe mit dem Älterwerden, sie können ihren Reifungsprozess schlecht annehmen, spüren nur die Verluste.
Wer aber nicht altern, nicht weitergehen will, verpasst seine Entwicklung. Die Neigung des Menschen ist: sich festhalten am Bekannten, Gewohnten.

Das Loslassen müssen wir bewusst bejahen und üben (lernen). Wie im Zirkus: am Trapez muss der Bügel zur rechten Zeit losgelassen und der neue Bügel ergriffen werden, sonst besteht Absturzgefahr.

Zwei Lebensphasen sind besonders anstrengend: Die

Pubertät und die Lebensmitte. Die seelische Reife ist am stärksten zwischen 40–60 Jahren, die körperliche Reife zwischen 20–30 Jahren.

Am Bild der Jahreszeiten möchte ich auf die verschiedenen Phasen eingehen:

Frühling

Der Frühling ist bei den meisten von uns zwar vorbei. Aber er wirkt bei uns allen nach. Ich bin immer wieder erstaunt über die prägende, lang anhaltende Auswirkung der Kindheit in unserem Leben. Hier werden Spuren gelegt, es wird gesät.
Martin Luther hat einmal gesagt: »Ein Fass riecht immer nach dem ersten Inhalt.«

Das ist Chance und Gefahr des Elternhauses. Sie geben dem Kind etwas mit ins Leben, das nicht ohne weiteres abgeschüttelt werden kann. Wohl kann vieles aufgearbeitet und heil werden. Aber es ist eine wichtige Sache, was da mit den jungen Pflänzlein und Keimlingen geschieht im Frühling des Lebens.
Es ist auch in der Natur so: wie schnell können sie Schaden erleiden durch Frost und Hitze, Schnecken und Schädlinge, können von Unkraut überwuchert werden. Sie haben noch nicht die Verwurzelung und Kraft zum Widerstehen. Sie brauchen Schutz und Pflege.
Was geschieht bei einem Kind in der Frühlingsphase?

Ein kleines Mädchen wird geboren. Es kommt in eine ganz bestimmte Situation hinein, die entscheidend und prägend für sein ganzes Leben sein wird.

Spürt das Kind, dass es willkommen ist, oder seufzt man über die Last? Herrscht in der Familie eine frohe, gute Atmosphäre, oder ist Streit und Uneinigkeit da, spricht man sogar von Trennung?
Die unbewusste Frage, die sich ein Kind durch die gemachten Erfahrungen selbst beantwortet, heißt: Kann ich der Welt vertrauen, kann ich mich öffnen, bin ich angenommen?

Ein Kind lernt vertrauen, sich öffnen, wenn verlässliche Beziehungen da sind. Es ist aus sich heraus ja noch nicht lebensfähig, es braucht fürsorgende Menschen.

Es merkt aber auch – ohne Worte – ob die Eltern selber Vertrauen haben ins Leben, sich geborgen wissen in der guten Hand Gottes. Oder ob sie selber voller Sorgen und Angst sind, sich dem Leben ausgeliefert fühlen. Aus der vorgelebten Haltung der Eltern wird ein Kind für sich den Schluss ziehen, ob diese Welt vertrauenswürdig ist, oder ob es in einer ständig bedrohten Welt leben muss.

Glaube ist etwas, das sich von allem Anfang an mitteilt. Bevor man reden kann, weiß man bereits über den vorgelebten Glauben der Eltern etwas von Gott – im Positiven wie im Negativen. Man kennt noch nicht die Glaubensinhalte, aber die Grundwerte von Geborgensein oder Verlassensein, Vertrauen oder Angst haben, Angenommen- oder Abgelehntsein.
Das macht uns als Erwachsene ja dann oft Mühe, wenn wir mit den Fehlprägungen aus der Kindheit zu kämpfen haben, wenn Lebensängste, Misstrauen und Minderwertigkeitsgefühle sich immer wieder melden. Wir geben dann schnell den Eltern die Schuld und leiden an unserer Geschichte.

Wir haben es bestimmt schwerer, wenn wir einen negativen Lebensstart hatten. Aber als Erwachsene können wir falsche Weichen auch korrigieren oder sie von Gott korrigieren lassen.

Weil ein Kind nicht leben kann ohne Zuwendung und Aufmerksamkeit der Bezugspersonen, versucht es herauszufinden, mit welchen Mitteln es die Zuwendung erhalten kann. Es spürt intuitiv, worauf die Eltern reagieren, es merkt, mit welchem Muster es auf Zustimmung oder Ablehnung stößt. Wann wird ein Kind gelobt, d. h. welches Verhalten wird gelobt? Braves Kind, schönes Händchen, gute Leistung?

Jedes Kind bringt schon eine Veranlagung mit, die dann durch das Umfeld gefördert oder korrigiert wird.

Welche Lebensmuster haben sich in Ihrem Leben herausgebildet? Sie kommen darauf, wenn Sie sich fragen: Durch welches Verhalten habe ich Lob, Zuwendung bekommen? Was wurde mit Ablehnung bestraft? Welche Sätze wurden oft gesagt?

Ich habe mir die Anerkennung geholt durch Helfen, gute Noten, Leistung erbringen. Damit habe ich auch meine kleine Schwester in den Schatten gestellt.

Das Lebensmuster hat auch eine Auswirkung auf unsere Gottesbeziehung. Wir möchten ja auch von Gott angenommen sein, seine Liebe erhalten. Wie machen wir das? Meist mit unserem bewährten Muster: Also Leistungen, Erwartungen erfüllen. Wir denken, Gottes Liebe sei an Bedingungen geknüpft.

Aber: ehe wir etwas dazutun können, hat Gott uns geliebt.

Im Frühling des Lebens lernen wir auch unser eigenes Geschlecht kennen. Ein Mädchen wird sich seines Frauseins bewusst und entdeckt seine Weiblichkeit. Es pro-

biert seine Rolle aus im Spiel, beim Puppenspiel, Hochzeit spielen, bei der Kleiderwahl, beim Helfen im Haushalt. Ein Mädchen möchte vom Vater bewundert werden. Es beobachtet auch die Mutter, wie sie ihre Frauenrolle lebt. Ist diese Rolle attraktiv, ist es gut eine Frau zu sein? Welches Los haben Frauen? Wie geht der Vater mit der Mutter um? Begegnet er ihr mit Achtung und Liebe? Wie spricht er über sie?
Aus alledem wird ein Mädchen seine (unbewussten) Schlüsse ziehen, wie ein Leben als Frau aussieht.

Der wohl schwierigste Konflikt im Frühling ist der Ablösungsprozess von den Eltern, die Zeit der Pubertät. Es ist die Zeit der großen Umbrüche, körperlichen Veränderungen, Verunsicherungen und der Versuch, eine neue, eigene Identität zu finden.
Wer bin ich – wer will ich werden – wer will ich einmal sein? Darauf sucht man eine Antwort.
Der alte Weg hieß: abhängig sein von den Eltern, tun, was die Eltern sagen. Die Eltern trugen weitgehend die Verantwortung für das Leben des Kindes.
Der neue Weg heißt: selbständig werden, Eigenverantwortung übernehmen, sein Leben mehr und mehr in die eigene Hand nehmen.
Dieser Ablösungsprozess geht selten ohne Auflehnung und Schmerzen vonstatten. Die Jugendlichen wissen meist noch nicht, was sie eigentlich wollen, außer dem einen, dass sie nicht mehr das wollen, was die Eltern wollen. Sie befinden sich also in einer Antihaltung, eine Dagegenseinhaltung.
Das Weltbild der Eltern wird meist einmal gründlich zerschlagen. Wenn Eltern aber genügend Gelassenheit besitzen, das zuzulassen, werden sie feststellen, dass sich die neue Identität aus den Scherben des alten Weltbildes

neu zusammensetzt. Es gibt ein neues Mosaik, bei dem wohl manche Steinchen über Bord geworfen werden und neue Werte und Ideen dazukommen. Die grundlegenden Werte der Kindheit bleiben aber meist erhalten, auch wenn sie in der Form anders gelebt werden.

Mit dem Kinderglauben geht es ähnlich. In der Pubertät beginnen Jugendliche, die als Kinder gerne mitgemacht haben in Glaubenssachen, plötzlich an Gott zu zweifeln. Oder sie lehnen den Glauben der Eltern ab. Es tauchen Fragen auf wie: Warum tut Gott so wenig gegen alles Leid in dieser Welt?
Der Kinderglaube muss hindurchwachsen zu einer persönlichen Beziehung zum lebendigen Gott. Weg vom »Aufpasser-Gott« hin zum liebenden Vater, wo ich als geliebte Tochter mit ihm leben und reden darf, von ihm geführt werde.

Für Jugendliche ist die Gruppe der Gleichaltrigen sehr wichtig. Sie lösen sich aus der Abhängigkeit von der Meinung der Eltern, werden aber sehr abhängig von der Meinung der Gleichaltrigen. Eine echte Glaubenshilfe sind daher Jugendgruppen, die gemeinsam den Glauben an Gott teilen.

Die Berufswahl ist wichtig und oft schwer. Junge Menschen bekommen heute schnell den Eindruck: mich braucht es gar nicht in der Arbeitswelt.
Freuden des Frühlings sind: erstes selbst verdientes Geld, der Führerschein, das erste eigene Auto, eine eigene Wohnung, Beziehungen zu Freunden und der Freund.
Der zweite große Konflikt im Frühling ist der **Liebeskonflikt.** Man muss sich entscheiden für einen Men-

schen, geht eine Beziehung ein und wagt sich zu binden. Heute haben viele Bindungsängste und wagen es kaum mehr, sich in eine Ehe einzulassen. Es ist auch eine große Sache mit sehr großen Konsequenzen. Denn: wie man sich bettet, so liegt man. Zugleich ist es aber nicht nur ein Konflikt, sondern auch der große Zauber der Liebe, des Verliebtseins, der Freude, des Träumens! Eine bräutliche Zeit, wo das Herz wirklich für einen Menschen schlägt und man sich gerne verschenkt.

Sommer

Es wird alles stabiler, auch die Wetterlage. Zwar gibt es Gewitter, aber sie sind meist schnell vorüber, hie und da auch Unwetter, die viel zerstören. Die Hitze trocknet die Erde aus, aber die Wurzeln sind kräftiger, nicht mehr so empfindlich. Sie haben Stehkraft, müssen nicht mehr so stark geschützt und gestützt werden. Wenn kein Wasser (keine Liebe) da ist, kann es auch einen vertrockneten Sommer geben. Wenn man ihn negativ nützt, kann es auch ein verregneter Sommer sein. Was im Frühling gesät wurde, reift jetzt zur Frucht. Es gibt viel Arbeit! Wenn im Frühling der **Aufbau** war, dann kommt jetzt im Sommer der **Ausbau.**

Eine Frau, im Sommer des Lebens, ist meist sehr gefordert und in verschiedenen Bereichen aktiv. Sie führt den Lebenskampf, erobert sich ihren Platz. Als Single-Frau hat sie sich ihre Existenz durch einen Beruf gesichert, versucht sich ein soziales Netz von Freunden, Bekannten, Kollegen aufzubauen, denen sie sich zugehörig fühlen kann. Dazu kommt vielleicht die Mitarbeit in einer

christlichen Gemeinde oder weitere soziale Tätigkeiten und Hobbys. Oft lebt sie als Ehefrau, Mutter, versorgt den Haushalt, manchmal ist sie noch berufstätig in einem Teilzeitjob. Sie übernimmt ehrenamtliche Tätigkeiten, setzt sich ein in der Gesellschaft, Politik, christlichen Gemeinde, Verwandtschaft. Die Familie ist aber der wichtigste Platz. Oft fühlen sich Sommer-Frauen überfordert und an der Grenze der Belastbarkeit. Sie sehnt sich nach dem Liegestuhl!
Die Lebensaufgabe heißt jetzt: Verantwortung für die nächste Generation übernehmen.
Das müssen nicht unbedingt die eigenen Kinder sein, es können auch jüngere Mitarbeiter im Beruf, Kinder in der Schule sein, für die man Verantwortung übernimmt. Oder die Verantwortung drückt sich darin aus, dass man im weitesten Sinne mithilft, etwas tut zum Erhalt oder Verbesserung der Welt. Es geht im Sommer um den Sinn des Ganzen.
Spätestens jetzt muss die Versorgungsmentalität aufgegeben werden: »Irgendjemand macht das dann schon für mich.« Nun heißt es selber ein Versorger, ein Sorgetragender zu werden.
Beziehungen zu anderen Menschen, das soziale Netz, in dem wir uns aufgehoben und zugehörig wissen, spielt eine wichtige Rolle: Nachbarschaft, Freundschaft, Arbeitskolleginnen, Beziehungen in einer Gruppe/Gemeinde. Auch da leben wir als Sorgetragende, denen diese Menschen etwas bedeuten. Wir geben uns hinein, nehmen Anteil, tragen mit, helfen einander. Aber wir machen gleichzeitig die Erfahrung, dass auch wir umsorgt werden, dass man auch zu uns schaut.
Es braucht eine gesunde Balance von Nehmen und Geben! Sonst lebt man über seine Verhältnisse. Zu den Aufgaben des Sommers gehört es, dass man sich selber

besser kennen und akzeptieren lernt, also hineinwächst in seine eigene Berufung. Dazu darf man auch bei Gott zurückfragen: Was hast du dir eigentlich mit mir vorgestellt? Wozu bin ich auf dieser Welt? Für was kannst du mich gebrauchen?

Habe ich irgendetwas ganz besonderes auf dem Herzen, für das ich mich speziell interessiere, das mich anzieht? Dem sollten wir nachgehen. Das könnten Umweltanliegen sein, Kinder, alte Menschen, andere Frauen, ein soziales Projekt in der Heimat oder in der Dritten Welt, Mission, die Verbreitung des Evangeliums hier bei uns etc.

Wir haben **Gaben** erhalten, die wir mit der Zeit bei uns feststellen. Gaben möchten eingesetzt werden, brauchen ein Betätigungsfeld. Welche Gaben haben Sie?

Zugleich aber entdecken wir immer deutlicher unsere **Grenzen,** das, was wir nicht können. Aus den Gaben und Grenzen entsteht unser **Profil**. Nur wer seine Grenzen akzeptiert, kann den Sommer gut durchstehen! Grenzen helfen uns, dass wir nicht ausufern. Grenzen machen uns ergänzungsbedürftig und dadurch auch gemeinschaftsfähig.

Wichtig: sich **Inseln schaffen** im Alltagsgetöse. Zur Ruhe kommen, ein Gegengewicht schaffen zur Aktivität. Die Seele baumeln lassen! Auch zur Ruhe kommen dürfen vor Gott. Sich lieben lassen von Gott, sein Wort hören und mit ihm reden.

Wenn sich der Sommer dem Zenit nähert, sich also dem Herbst zuwendet, sprechen wir von der **Lebensmitte,** meist verbunden mit dem Wort **Krise**. In diese Zeit fallen die so genannten Wechseljahre. Ein anderes Wort dafür heißt Klimakterium, übersetzt: Treppenstufe =

Abschnitt im Leben der Frau. Wir meinen damit die Menopause, also die biologischen Veränderungen im Leben einer Frau, die recht einschneidend und groß sind.
Jede Frau hat ihren eigenen Rhythmus. Deshalb machen wir ganz verschiedene Erfahrungen. Allgemein lässt sich dazu sagen, dass mit ca. 40 Jahren die Prä-Menopause beginnt. Das heißt: die Eierstockfunktion lässt langsam nach, und die Östrogen- und Gestagenproduktion sinkt ab. Bei der Menopause hört die Menstruation auf, d. h. sie kommt noch unregelmäßig, bei einigen kann es noch übermäßig starke oder lange Blutungen geben.

Von den körperliche Beschwerden sind die Hitzewallungen, die Schlafstörungen, bekannt. Aber auch die Veränderungen der Haut können einem zu schaffen machen. Die Haut verliert ihre Elastizität, sie wird schlaffer und neigt zu Faltenbildung. Man ist schneller erschöpft, fühlt sich ausgebrannt oder kämpft mit dem Gewicht.
Die seelischen Beschwerden sind aber noch schwerer auszuhalten. Dazu gehören Stimmungsschwankungen, depressive Verstimmungen, Fluchtgedanken: weg vom Mann und Alltagskram, hin zu einer neuen Ausbildung, Arbeit, Reisen, Liebschaft. Man sucht nach wahren Werten, nach Echtheit und der wahren Identität.

Bei mir selber war der tiefe Wunsch da, ehrlich zu werden, authentisch zu leben, das, was ich nur so tue, um Menschen zufriedenzustellen, abzuschneiden. Das hat sich in allen Beziehungen bemerkbar gemacht, zu mir selber, zu anderen Menschen und auch in der Glaubensbeziehung zu Gott. Ich wollte mir und anderen nichts mehr vormachen und nur das leben, was ich wirklich auch leben konnte.

Es ist eine heiße Zeit: oftmals Wüsten- und Krisenzeit.
Die biologische Mutterschaft hört auf, dafür bekommt die geistliche Mutterschaft eine neue Bedeutung. Im Sommer und Herbst des Lebens werden wir auch für andere Menschen – je nach Gaben – zum Halt, wo sie sich anlehnen können, bis sie selber erstarkt sind. Oder zur Leuchtboje, wo sich andere orientieren können.
Die Ehe gerät in diesen Lebensmitte-Jahren oft in eine Phase der Neuorientierung. Die Lebensmitte-Ehe ist eine Zeit des Umbruchs. Die Kinder gehen aus dem Hause, man sitzt sich wieder zu zweit gegenüber und hat den Gesprächsfaden, die gemeinsamen Interessen oft verloren. Es ist eine große Aufgabe für beide Partner, wieder eine Intimität = Nähe, Freundschaft, Anteilnahme herzustellen, daran zu arbeiten. Intimität auf allen Lebensgebieten: in der Freizeit, in gemeinsamen Aktivitäten, im Gespräch, der Sexualität, im geistlichen Bereich.

Wichtig ist die eigene geistliche Verwurzelung, der eigene Halt im Leben.

Herbst

Die Sonne scheint noch schön, aber die Tage werden kürzer. Oder man könnte auch sagen, der Abend wird länger. Die Blätter färben sich, es ist Erntezeit.

Es ist ein Abstieg, d. h. man beginnt etwas zu spüren von den Anzeichen abnehmender Kräfte. Die Haare werden grau, man muss wieder öfter zum Zahnarzt, der Optiker verkauft uns eine Lesebrille ...
Das **Loslassen** ist die große Lektion, die es einzuüben

und zu lernen gilt. Die Kinder loslassen, sie Fehler machen lassen, sie freigeben in ihren Weg, ihre Familie hinein, sie begleiten, Anteil nehmen, ohne sich aufzudrängen, später auch den Beruf loslassen, abgeben können (auch die verschiedenen Ämter und Posten, die man so gern ausgefüllt hat).
Nicht hängen bleiben an »früher«, sonst werden wir zu Erinnerungs-Salzsäulen. Wir erstarren.

Der Herbst ist eine wunderbare Zeit, weil wir eine Verschiebung feststellen vom Haben zum Sein.
Die Beziehungen werden wichtiger. Nicht die Menge an Beziehungen, sondern die Qualität. Echte Begegnungen und Gespräche bedeuten einem etwas. An Frauenfreundschaften hat man erneut Interesse. Die größeren Zeiträume füllt man aber auch gerne mit Spaziergängen, Reisen und Kursen. Die Herbstfrauen sind interessiert am Leben und holen die vergessenen Sprachkenntnisse oder den versäumten Computerkurs gerne noch nach.

Vertiefung, nicht Verbreiterung des Lebens ist gefragt. Das Interesse an geistlichen Fragen und Zusammenhängen nimmt zu. Man merkt, dass der »innere Mensch« eben auch versorgt werden muss. Darum liest man Bücher mit Themen über Lebenssinn und Lebens- und Glaubensfragen. Man sucht nach guten, lebbaren Formen für das eigene geistliche Leben.

Die Esoterikwelle mit ihren verschiedenen spirituellen Angeboten profitiert übrigens enorm vom Suchen und der Sehnsucht der Lebensmitte- und Herbstfrauen nach Sinn und ganzheitlichem Leben, nach einer geistlichen Heimat.
Die **Wurzeln** werden wichtiger! Man interessiert sich

plötzlich für die Familiengeschichte, erstellt einen Stammbaum oder ärgert sich, dass man zu wenig nachgefragt und zugehört hat bei den Eltern über die Familienzusammenhänge.

Oftmals beginnt hier noch der starke Wunsch, die eigene Geschichte mit einem Menschen zusammen aufzuarbeiten und anzuschauen. Meist wird man durch Träume, psychosomatische Krankheiten, Depressionen dazu herausgefordert.

Die geistliche Aufgabe im Herbst wäre die **Barmherzigkeit.** Barmherzig werden die Menschen, die selber bedürftig geworden sind, die nicht mehr ans Selbermachen glauben, die ihre Grenzen erkannt haben und selber von der Barmherzigkeit Gottes leben. Sie gehen dann mit anderen Menschen barmherzig um, überfordern nicht mehr, haben Verständnis für die Grenzen und ermutigen.

Winter

Es gibt ein interessantes Zusatzwort, das man immer wieder braucht, um Wintermenschen zu beschreiben: das Wort »noch«. Sie ist schon 70, aber immer noch fit, noch jugendlich, lernt noch Englisch etc. Warum eigentlich dieses »noch«? Natürlich ist es nicht selbstverständlich, wenn der alte Mensch Leistungen noch erbringt, es den Jungen gleichmacht. Aber das »noch« bräuchte es nicht. Das, was der alte Mensch *ist*, in einem langen Leben geworden ist, das ist wertvoll – und seinen Wert und seine Würde hat er von Gott. Die kommt nicht aus dem Vergleich mit dem, was er früher konnte. Er darf heute leben.

Ein Sprichwort sagt: »Das Alter versteinert oder verklärt.« Je nachdem, wie man die vorhergehenden Jahreszeiten durchlebt hat, wird man auch durch die Phase des Alterns gehen.
Im Winter werden viele Wege nicht mehr begehbar, der äußere Lebensraum wird enger. Man ist mehr drinnen im Haus, hat auch mehr Zeit.
Man wird einsamer. Freunde, Bekannte, Verwandte sterben. Die Kontakte zu Gleichaltrigen oder Gleichgesinnten werden dadurch reduziert, man lebt mehr in Erinnerungen und schaut Fotoalben an.
Nun ist die Innenarbeit gefragt.
Wenn jemand versteinert ist im Alter, dann verweigert er die **Innenarbeit.** Er macht zu, wird unzufrieden und nörglerisch. Obwohl ihm die Angehörigen etwas zuliebe tun wollen, reagiert er unzufrieden und enttäuscht, hatte andere Erwartungen. Er will sich weder um die Vergangenheit noch um die Zukunft kümmern. Es dreht sich plötzlich fast alles ums Essen und die Verdauung.

Die drei bekannten V-Ängste tauchen meistens auf:
Verarmungsangst / Vereinsamungsangst /
Verlassenheitsangst

Wenn jemand im Alter verklärt wird, ist die Innenarbeit eine intensive, großartige Lebenszeit! Es ist die Zeit des Aufräumens, Ordnens. Angesammeltes wird weggeräumt.
D. h. die Versöhnungsarbeit ist dran. Die eigene Geschichte wird unter dem Aspekt der Versöhnung verarbeitet. Menschen werden aus Groll, Bitterkeiten, Verurteilungen, Schuld entlassen. Selber sucht man Vergebung für gemachte Fehler. Man zieht die **Lebensbilanz.** Auch die Verantwortung über den Besitz wird bedacht.

Wie gehe ich mit dem um, was ich im Laufe des Lebens erworben habe? Man redet mit den Kindern über das Erbe, das Testament und regelt, ordnet seine Sachen. Wie soll es bei mir weitergehen, wenn ich den Haushalt nicht mehr allein bewältige? Was geschieht mit dem Haus, der Wohnung? Kann ich den Gedanken an ein Altersheim oder Pflegeheim ansprechen?
Es gibt ein gesundes »memento mori« = gedenke des Todes, das uns hilft, nicht im Irdischen hängen zu bleiben. Dieses »memento mori« einzuüben könnte auch bedeuten, den Lebenslauf zu schreiben, seine Sachen bereit zu haben für den Todesfall.

Im Winter des Lebens ist es wichtig, dass wir Anteil nehmen und behalten können am Leben der Menschen, die uns etwas bedeuten. Wie viel kann eine Großmutter ihren Enkeln mitgeben ins Leben hinein!
Großmutter sein heißt ja: von Gott eine 2. Chance bekommen!

Die geistliche Aufgabe ist das Leben aus der **Gnade.** Man spürt die leeren Hände, dass man nichts behalten und mitnehmen kann und lebt immer mehr von dem Geschenk Gottes: angenommen und erlöst zu sein, weil Jesus mir den Weg zum Vater freigemacht hat.

5. Jahreszeit: Die Auferstehungshoffnung, das ewige Leben bei Gott

Der Mensch ist nicht nur für die Jahre des Erdenlebens existent. Er ist ein Ewigkeitswesen.
Durch den Glauben an Jesus Christus kommen wir in eine Beziehung zum lebendigen Gott und werden Erben des ewigen Lebens bei Gott.
Der Tod ist das Tor zum ewigen Leben. Und auch das Leben bei Gott wird ein spannendes, reiches Leben werden mit Aufgaben und Reifungsmöglichkeiten. Wir dürfen uns darauf freuen.

Verantwortlicher Umgang *mit* Gaben *und* Grenzen

> **Mein Leben gestalten als
> begabte und begrenzte Frau**

Bewundernd wandern meine Blicke im gediegenen Salon und Esszimmer von Agnes umher. Sie hat uns, eine Gruppe von Frauen, zu einer Sitzung in ihre schöne Wohnung eingeladen.

»Wie sie das nur schafft als allein stehende Frau«, denke ich. Eine charmante, attraktive Frau, erfolgreich im Beruf, beliebt im Freundeskreis, aktiv in der Mitarbeit einer christlichen Gemeinde – alles stimmt. Während der Sitzung entdecke ich ihre organisatorische Begabung. Sie bringt Struktur und Ordnung in unser Planen, ohne die anderen zu überfahren.

Wirklich die »totale Frau« – wie sie im Buch steht oder bei den Sprüchen Salomos zu finden ist.

Beim Heimfahren kreisen meine Gedanken um diese Frau. Ihren offensichtlichen Gaben stehen keine sichtbaren Grenzen gegenüber. Was sie in die Hände nimmt, gelingt ihr.

Wenn ich an ihr Maß nehme, gerate ich in jeder Richtung zu kurz. Ich sehe bei mir nur noch Grenzen und Unmöglichkeiten und merke, wie mir aller Mut entfällt. Die alte Melodie, die ich verlernt zu haben glaubte, tönt immer noch: »Du genügst nicht« und »Das schaffst du nie«. Mein Mann hört sich im Bett den ganzen Frust noch an und fragt mich nur: »Sind Grenzen denn so schlimm?«

Sind Grenzen denn so schlimm?

Ja, Grenzen sind schlimm. Sie engen mich ein. Ich suche die Weite, die Fülle und erfahre die Grenze als Hindernis, die mir den Weg versperrt. Ich möchte etwas erreichen und werde zurückgehalten. Ich stoße an den Grenzen an, ich lehne mich auf, ich reibe mich wund. Wie ein Kind im Laufstall, das seine Arme ausstreckt und die ganze Wohnung einnehmen möchte. Es lässt sich nicht jedes Mal trösten und zum zufriedenen Spielen im Laufstall überreden, indem man ihm die schönen Spielsachen neu vor die Augen hält. Es möchte heraus!

Grenzen schmerzen. Ich denke an die vielfältigen Grenzerfahrungen, die durch physische und psychische Erkrankungen, durch Älterwerden entstehen.
Der Bewegungsraum wird kleiner, die Kräfte lassen nach. Schnellere Erschöpfung und verminderte Konzentrationsfähigkeit machen einem zu schaffen.
Ein Freund sagte bedauernd: »Früher konnte ich tagsüber körperlich arbeiten und abends spät noch die Andacht für den Morgen vorbereiten. Nun ist der Spannungsbogen am Abend so erschlafft, dass ich ins Bett muss.«
Wie ärgern mich doch manchmal meine Grenzen, die ich in meiner Art, meinem Charakter und Temperament feststelle: unbedachte Worte oder Hemmungen beim Reden, hilfloser Rückzug in Begegnungen, ängstliches Ausweichen in Konflikten – und es geschieht immer wieder. Es scheint zu mir zu gehören, wie sehr ich mich auch dagegen wehre.

Grenzen machen mich verletzlich

Wie ärgern mich doch manchmal meine Grenzen... Grenzerfahrungen lösen hie und da wahre Kettenreaktionen aus.

Ich nahm teil an einer wichtigen Sitzung, bei der es um Zukunftsperspektiven und um Zusammenarbeit verschiedener Gremien ging. Voller Erwartung saß ich da, hatte meine Ideen und Vorschläge dabei und freute mich, zusammen mit den anderen etwas zu gestalten.

Aber da war ein »Grenzenloser« dabei, der so viel gescheite Worte und Gedankengänge darbot, mit vielen Fremdworten um sich warf, dass ich überhaupt nichts verstand von dem, was er eigentlich wollte. Ich kam mir vor wie ein gackerndes, verschüchtertes Huhn, empfand nur noch Grenzen, sehr enge Grenzen – und verstummte. Völlig geknickt kam ich heim, die Ideen zu gemeinsamen Aktionen zerstört. Dafür lag daheim ein Brief mit der Anfrage, ob ich nächstes Jahr mithelfen würde bei einem Frauenseminar. Die Thematik ging in die gleiche Richtung wie die Sitzung. Ich sagte ab. Die Selbstzweifel, dass ich ja doch nichts zu bieten habe, überwogen. Tagelang lähmte mich diese Grenzerfahrung zu kreativem Handeln, verunmöglichte ein mutiges Voranschreiten. Ich blieb ängstlich gefangen in meiner Begrenztheit, die ich so schmerzlich gespürt hatte. Alle meine Überlegungen kreisten nur noch um Rückzug. Ich sah meinen Terminkalender unter dem Aspekt an: was kann ich noch absagen, wo versprochene Abmachungen zurücknehmen?

Grenzerfahrungen können regelrechte Wunden beifügen. Wunden, die schmerzen und bluten und die dann auch einen Heilungsprozess brauchen.

Mir hilft es jeweils sehr, einem Menschen, der ehrlich mit mir umgeht, von meinen Grenzerfahrungen zu erzählen. Der andere sieht oft klarer, wo meine Grenzen und Gaben liegen und hilft mir mit seinem Zuspruch und Rat aus dem Loch des Zweifels heraus, hin zu einer neuen Sicht.

Wichtige Fragen wurden mir im Gespräch um meine »Grenzwunden« bewusst:

- Warum ziehe ich mich zurück, wenn ein Besserwisser und Alleskönner dabei ist?
- Müssen meine Ideen und Vorschläge die besten sein?
- Hängt mein Selbstwert davon ab, dass man mich bestätigt, auf mich hört?
- Könnte meine starke Reaktion nicht ein Hinweis darauf sein, dass ich mich selber noch nicht angenommen habe mit meiner unkomplizierten, einfachen Art?
- Hat sich da nicht der Stolz meines Herzens geoffenbart?

Ob Sie es glauben oder nicht, diese Sitzung wurde zu einer überaus wichtigen Lebenserfahrung, die mir wichtige Lektionen über mich selber erteilt hat.
Grenzen sind nie nur negativ! Ganz im Gegenteil: die ehrliche Auseinandersetzung mit unseren Grenzen hilft uns echt weiter, bringt Persönlichkeitswerdung und Reifung mit sich. Grenzen sind Lebenshilfe!

Grenzen geben Schutz

Grenzen engen ein und geben dadurch Schutz. Der Laufstall ist ein Schutzraum für Kleinkinder. In einem begrenzten Rahmen behalten wir den Überblick, finden wir uns zurecht.

Grenzen geben Sicherheit. Verbote in der Kindererziehung sind solche Grenzziehungen, die einem Kind einen überblickbaren, gestaltbaren Lebensrahmen sichern wollen. Sie wollen verhindern, dass es sich selber schadet.

Gottes Gebote sind Schutzgrenzen, innerhalb derer die Menschen miteinander umgehen können; es sind Lebenssicherungen, die das Leben ermöglichen!

Müsste ich mir nicht sogar selber Grenzen stecken, damit ich das, was ich tue, recht tun kann? Wäre manchmal weniger mehr?

Abgrenzung ist ein wichtiges Thema. Grenzen ziehen, um mich selber zu schützen.

Manchmal ist Abgrenzung nötig zwischen den Menschen, damit ich nicht überfahren und überfordert werde. Ich zeige dem anderen meine Grenzen: bis hierher und nicht weiter. Ich weise Lasten und Verantwortungen, die man mir aufladen möchte, auch mal zurück und grenze mich ab, weil ich nicht für alles zuständig sein kann.

Die Grenzen geben mir ein Maß, damit ich mich nicht übernehme und in eine falsche Größe hineinkomme. Die Wunschvorstellung, die wir von uns selber haben, übersteigt oft die Realität. Minderwertigkeitsgefühle wachsen gerne aus der Differenz zwischen Wunsch und Wirklichkeit. Im Kennenlernen meiner Grenzen lerne ich mich selber einschätzen und kennen. Ich lerne zu meinem Maß stehen, weiß um meine Grenzen. Welch ein Schutz vor Selbstüberforderung und -unterforderung, vor Prahlerei und Minderwert!

»Niemand halte höher von sich selbst, als sich's gebührt zu halten«, ermahnt Paulus im Römerbrief (12, 3) und macht uns damit aufmerksam auf das gesunde Maß, die gute Schutzgrenze.

Grenzen anerkennen hilft zur Demut

Ich kann nicht alles, ich erfülle nicht alle Erwartungen. Ich bin begrenzt. Diese Erkenntnis ist wichtig, um vom Sattel der hohen Meinung (sprich: Stolz) auf den Boden der Wahrheit zu kommen. Demut heißt: *durchsichtig werden*. Die Grenzen nicht mehr verstecken, sondern dazu stehen.

Ein Spitalpfarrer erzählte uns, dass es für ihn eine Lektion in Demut gewesen sei, um die Fünftagewoche zu bitten, weil er spürte, dass seine Fähigkeit, Leid und Not anderer Menschen zu tragen, an eine Grenze kam.

Grenzen machen teamfähig

Alleskönner sind Einzelkämpfer. Sie ordnen sich schwer in eine Teamgemeinschaft ein, weil sie die Ergänzung nicht wollen oder sich in ihrer einsamen Spitzenstellung bedroht fühlen.

Ergänzungsbedürftig – und dadurch auf andere ange-

wiesen – sind Menschen, die um ihre Grenzen wissen. An meinen Grenzen kann sich der/die andere entfalten und einbringen. Echte Gemeinschaft, ein gutes Miteinander, wächst nur dort, wo man Grenzen wahrnimmt, annimmt und zugleich die Gaben und Stärken aneinander entdeckt und einbringt.
Viele Zerwürfnisse in Gemeinschaften könnten vermieden werden, wenn man die Grenze beachtete, die im 1. Petrusbrief empfohlen wird (4, 15): »Niemand greife in ein fremdes Amt!«

Grenzen gewähren

Wer dem Nächsten Grenzschutz gewährt, kann im Frieden mit ihm zusammenleben. Die Versöhnung mit den Grenzen gilt auch ihm.

Scheitern wir nicht immer wieder an der Übererwartung und Überforderung, die wir in den Beziehungen aneinander haben? Wir haben uns vorgestellt, wie der andere sein und handeln müsste, und nun entspricht er diesem Bild nicht. Wir sind enttäuscht, haben uns über seine Grenzen getäuscht. Welche Befreiung für eine Beziehung, wenn wir uns innerlich aus dieser Erwartungshaltung entlassen und akzeptieren: der andere ist begrenzt wie ich selbst.

Friedensschluss mit meinen Grenzen

Jede Nation sucht Frieden für seine Grenzen, schließt Friedensverträge mit angrenzenden Völkern.

Ob ich es mit meinen Grenzen auch so tun könnte? Frieden schließen, sie bejahen und annehmen, mit diesen Grenzen leben. Könnte das Psalmwort (147, 14) nicht auch hier zutreffen, dass »der Herr meinen Grenzen Frieden schafft«?

Der Satz aus dem Brief eines kranken Bekannten geht mir immer noch nach: »*Wenn wir uns innerhalb der Grenzen bewegen, die uns nun gezogen sind, geht es uns gut.*«
Ich spürte aus diesem Satz, dass er seine Lebenskraft nicht mehr in die Auflehnung gegen die Grenzen investierte, sondern in tiefem Frieden aufbauen und gestalten konnte, was für ihn wesentlich war.

Ich mache mir Gedanken, wie ein Friedensvertrag mit meinen Grenzen aussehen könnte:
- Ich formuliere vor Gott eine Einverständniserklärung zum Begrenztsein.
- Indem ich meine Grenzen respektiere, erkenne ich auch mein Profil. Grenzen geben mir ein Profil, machen mich zu einer einzigartigen Persönlichkeit.
- Ich höre auf, neidisch auf die Gaben anderer zu sein und lerne dabei, Vergebung in Anspruch zu nehmen.
- Friede *mit* den Grenzen schafft Frieden *in* den Grenzen, ich werde *zu-frieden*.
- Ich pflanze an den Grenzen entlang Blumen und wende mich dankbar dem zu, was ich innerhalb meiner Grenzen aufbauen und gestalten kann.

Grenzen als Herausforderung

Haben Sie schon einmal ein unternehmungslustiges Kind im Laufstall beobachtet? Unermüdlich versuchte sich meine kleine Nichte an den Stäben hochzuziehen, um dieses Hindernis zu überwinden. Einige Male plumpste sie recht unsanft auf den Rücken. Aber sie krabbelte wieder hin und versuchte es erneut. Grenzen annehmen ist das eine, sie zu überwinden versuchen das andere.

Innerhalb der sicheren Grenzen lauert die Gewöhnung und die Bequemlichkeit. Ich kann dann abschätzen, wo meine Schmerzgrenze der Überforderung liegt, was bei mir »drin« liegt oder eben nicht möglich ist. Überraschungen gibt es kaum mehr, ebenso wenig wie Glaubenswagnisse. Glauben heißt aber immer: *die Grenzen des Berechenbaren überschreiten*. Die Glaubenstüren sind im Grenzbereich angesiedelt.

Haben glaubende Menschen nicht zu allen Zeiten die alten Sicherheiten in geschützten Grenzen aufgeben müssen, um neues Land der Verheißung einzunehmen? Der Vater des Glaubens, Abraham, ist ein ganz besonderes Beispiel dafür.

»Geh aus deinem Vaterland und von deiner Verwandtschaft und aus deines Vaters Hause in ein Land, das ich dir zeigen will«, sprach der lebendige Gott zu Abraham. Er rief ihn mit 75 Jahren aus allen alten Grenzen und Sicherheiten heraus zum grenzensprengenden Wagnis des Glaubens.

Und Abraham brach auf, ging über die Grenzen des Bekannten hinein ins Ungewisse. Nur mit der einen Gewissheit der Zusage Gottes.

Ist das Unterwegssein nicht geradezu ein Charakteristikum des Volkes Gottes geworden? Die von Gott zugesagte Grenze Kanaans wurde erst einige Jahrhunderte später eingenommen. Immer neu rief Gott sein Volk zum Aufbruch, zum Verlassen alter Lagerplätze, auf denen man sich gut eingerichtet hatte, damit sein Volk das Ziel erreicht.

Geht es uns als Jünger Jesu anders? Wir werden genauso herausgerufen aus alten Niederlassungen, schönen Lagerplätzen und werden auf den Weg gestellt. Das muss nicht unbedingt ein Landes- oder Berufswechsel sein. Es können auch festgefahrene Denkmuster, Traditionen, Gewohnheiten sein, die uns zur Grenze werden. Glaube hat diese Grenzen-sprengende, Berge-versetzende Kraft in sich, die mir den Mut gibt zum **Sprung über die Mauer** (Ps 18, 30).

Ich wage etwas zu tun, das mir bisher als unmöglich erschien. Im Wagnis des Neuen erfahre ich, dass Gottes Kraft da ist, dass es geht, dass andere mich ermutigen und hinter mir stehen. Ich lerne dazu, ich wachse und reife, indem ich Grenzen überwinde. Auch alle Horizonterweiterung hat etwas zu tun mit dem »Sprung über die Grenze«. Nicht umsonst bescheinigen wir dem Reisen in fremde Länder, es erweitere unser Denken. Grenzen überschreiten bringt uns in Neuland. Wir lernen dazu!

Obwohl dies keine neue Erkenntnis ist, haben wir in der Praxis doch »Sprunghindernisse«. Wir möchten Erweiterung, Neuland dazu gewinnen, Erfahrungen machen, scheuen aber das Risiko des Grenzsprungs.

Im Gewohnten ist man sicher, man weiß, was man hat. Wenn man sich einmal niedergelassen hat innerhalb sicherer Grenzen, ist es so gemütlich und bequem. Diese ewigen Aufrufe zum Teilen, zum Aufbruch, zur Evangelisation, zum Einsatz – sie stören die Ruhe, man ärgert sich und hört weg.

Grenzübergänge einrichten

Das Schreckgespenst der Stacheldrahtzäune und der Mauer um die ehemalige DDR ist zum Glück Geschichte geworden. Aber die Mauern zwischen den Menschen aus Ost und West oder zwischen Menschen überhaupt, sind scheinbar zäher und nicht so leicht zu überwinden. Wir errichten Mauern um unser Herz vor lauter Angst, die Not, das Elend, die Last anderer Menschen könnten uns zu nahe kommen und zu viel von uns fordern! Wir grenzen uns ab, igeln uns ein: hinter den ausgestreckten Stacheln sind wir sicher, aber auch allein.
Abgrenzung ist wichtig, das ist schon betont worden. Wo sie aber zur Ausgrenzung anderer oder zum ausschließlichen Kreisen um mich selbst wird, ersticke ich im selbstgebauten Gefängnis meiner Selbstsucht.
Deshalb sind Grenzübergänge wichtig. Wie können solche Grenzübergänge aussehen?
Grenzübergänge sind Öffnungen, Durchgänge. Auf unser Leben übertragen könnten es Türen sein, die es anderen ermöglichen, zu unserem Herzen vorzudringen, unser Herz zu finden.

Diese Öffnung bewirkt Offenheit und Anteilnahme am Ergehen anderer Menschen. Liebe, herzliches Erbarmen kann zum Nächsten hin durchfließen.

Auch der umgekehrte Weg wird möglich:
Ich kann die Türe meines Herzens öffnen und eigene Ängste und Schwäche zugeben. Verständnis und Trost werden mir zugesprochen. Ich empfange Hilfe, erlebe die Nähe, den Beistand anderer Menschen als Geschenk.

Um Grenzerweiterung bitten

Grenzen sind nicht starr, für immer festgelegt. Sie können weiter oder enger gesteckt werden. Vielleicht haben wir durch eine positive Erfahrung beim Grenzen-Überspringen Mut bekommen und merken, wie es zu einer echten Grenzerweiterung kommen durfte.
Wir hatten eine Nachbarin, die bekannt war für ihre Fremdenfeindlichkeit. Zu ihrem Freundeskreis gehörten nur Schweizer, denn Fremden konnte man nicht trauen! Ausgerechnet ihr Sohn heiratete eine Frau aus Thailand! Es war eine sehr große Herausforderung für diese Mutter, aber sie konnte ihre starren Grenzen erweitern und ihre Schwiegertochter annehmen. Diese Erfahrung hat sie insgesamt offener und zugänglicher gemacht – auch anderen Ausländern gegenüber.

Mein Mann sagte vor vielen Jahren, nachdem er sein erstes Seminar für Mitarbeiter in der Jugendarbeit gehalten hat: »Ich werde keine weiteren Seminare mehr halten. Das kann ich nicht und liegt mir nicht. Man muss zu seinen Grenzen stehen – und da habe ich eine Grenze.« Seit vielen Jahren stehen wir in einer Schulungsaufgabe! Durch Übung und den Mut, es immer wieder neu zu wagen, hat sich die Grenze erweitert. Mein Mann ist auch heute noch kein begeisterter Redner und Seminarleiter. Aber er ist ein tapferer »Grenzensprenger« geworden!

Um Grenzerweiterung darf man auch bitten. Wie Jaebez es tat in 1. Chronik 4, 10: *»Und Jaebez rief den Gott Israels an und sprach: Ach, dass du mich segnetest und meine Grenzen mehrtest und deine Hand mit mir wäre ... Und Gott ließ kommen, worum er bat.«*

Gott kann Grenzpfähle verändern in unserem Leben und unser »Land« mehren! Aber was tun wir mit geschenktem »Land« (sprich: Gaben, Fähigkeiten, Wissen, Besitz etc.)? Eingenommenes Land muss bebaut und gepflegt werden, sonst verwildert es und bringt keinen Ertrag.
»Du bist verantwortlich für das, was du dir vertraut gemacht hast«, sagte der Fuchs zum kleinen Prinzen.

Grenzerweiterung schafft Raum für Gaben!

Grenzerweiterung ist zugleich Gabenvermehrung! Beim Überwinden der Grenze haben wir entdeckt, dass wir die Aufgabe lösen können, die Kraft und Weisheit erhalten, die dazu nötig sind.

Natürliche Gaben sind Geschenke, die uns mitgegeben werden ins Leben. Wir wählen sie nicht aus, wir empfangen sie ohne unser Zutun wie unser Leben.
Daher entsteht wohl oft der Eindruck, benachteiligt

worden zu sein. Anderen fällt's in den Schoß, ich muss mich abmühen und bringe es doch auf keinen grünen Zweig. Wir spielen dann ein »Schwarz-weiß-Spiel« und denken: Entweder man ist begabt dazu, oder man ist es eben nicht.

Ich bin davon überzeugt, dass jeder Mensch noch viel unentdecktes Land in sich hat, das auf einen Kolumbus wartet!

Wie entdeckt man Gaben?

Auf einer unserer ersten Kinderfreizeiten fand ich an der Zimmertür einen hübsch verzierten Zettel mit der Nachricht: *»Liebe Frau Teopald, sie könen wunderbar Geschiechten verzählen.«*

Ich habe in dieser Freizeit meine Erzählgabe entdeckt, weil andere mich ermutigten, mir diese Gabe bestätigten. Ich habe die Gelegenheiten zum Erzählen wahrgenommen, geübt und gelernt, diese Gabe zu entfalten und dafür Sorge zu tragen, dass sie genutzt wird.

Unsere Freude an einer Beschäftigung kann ein Erkennungszeichen sein beim Entdecken von Gaben. Viele Mitarbeiter in der Kinderarbeit haben durch die Freude am Umgang mit Kindern ihre Gaben zu diesem Dienst entdeckt.

Die Bestätigung von Freunden kann uns Mut machen, eine Gabe zu erkennen. Der Erfolg, die Frucht, die aus einem Tun erwächst, kann Hinweis sein auf eine Begabung.

Ein innerer Auftrag, der aus dem Hören auf Gottes

Stimme kommt, lässt mich aufmerken, ob da nicht eine verborgene Gabe liegt.

> **Gaben sind kein Haben, sondern ein Werden**

Genies und Wunderkinder finden sich zwar in den Schlagzeilen der Presse – im alltäglichen Leben bilden sie aber die Ausnahme! Im Normalfall brauchen unsere Gaben eine gute Pflege durch Training und Einsatz. Wir entfalten sie im Tun! Nicht gebrauchte Gaben verkümmern. Wie manche Partie gilt es auch für Musikbegabte zu üben, bis sie konzertreif ist! Wie viel hundert Übungsblätter werden gemalt, bis man zur ersten Vernissage mit eigenen Aquarellen einlädt!
Wer Gaben entfalten will, braucht Mut zum Fehlermachen, zum Lernen und Üben, braucht Ausdauer und Geduld.
Jeden Sommer findet im »Sunnebad«, einem evangelischen Tagungszentrum auf dem Sternenberg (mein Mann und ich haben dieses Haus 13 Jahre lang geleitet), eine Hobbymalwoche statt. Einige Teilnehmer/innen konnten bereits das 10-jährige Jubiläum dieser Woche feiern. Sie sind immer wieder mit Freude und Eifer dabei. Mir fällt dabei auf, wie sehr sich die Zeichnungen der Teilnehmer/innen verändert haben, wie sie ihr Können verbessert haben und die ganze Malgruppe Niveau gewonnen hat. Einige haben es bereits gewagt, eigene Ausstellungen zu arrangieren und ihre Bilder zum Verkauf anzubieten. Mit rechtem Erfolg!
»Übung macht den Meister!« Ich höre diesen Satz noch immer in meinen Ohren, wenn ich mich mit meiner Blockflöte herumquälte und das Üben langweilig fand.

»Übung macht den Meister«, so sage ich es heute aufmunternd zu mir selber, wenn ich zum zehnten Mal neu ansetzen muss, um einen Vortrag fertig zu bekommen. Gaben wachsen durch Pflege und Gebrauch!

Blockierungen der Gaben

Wer sich selbst ablehnt, kann schwer zu seinen Gaben stehen. Seine Gaben in die Gemeinschaft einbringen kann ein Mensch, der sich angenommen weiß und sich auch selbst bejaht.

Wer weiß, dass er als Ebenbild Gottes geschaffen wurde und durch die Erlösung Jesu Christi zum Kind und Geliebten Gottes befreit worden ist, der darf das »Ja Gottes« über seinem Leben froh und dankbar annehmen und das leben, was er vor Gott ist!

Die häufigste und wirksamste Methode, die eigenen Gaben zu blockieren sind unsere Minderwertigkeitsgefühle: »Ich kann's ja doch nicht so gut wie die anderen.« Dahinter steckt nicht selten ein geschicktes Täuschungsmanöver. Wir möchten mehr sein, als wir sind. Wir fürchten uns vor Blamage, davor dass die anderen entdecken könnten, dass wir gar nicht so gut sind, wie wir eigentlich sein möchten. Deshalb verstecken wir uns, haben Hemmungen, genieren uns. Unser stolzes Herz wird verziert von Pseudo-Demut.
Nur das Zulassen der Wahrheit über mich selber und die echte Demut machen frei zum guten Gebrauch der Gaben!

Menschenfurcht und Abhängigkeit vom Urteil anderer sind ein Spiegel, in dem wir erkennen, dass wir unsere Gabe noch zur eigenen Ehre, zur Selbstverwirklichung einsetzen. Gaben, die in den Dienst Gottes gestellt werden, werfen das Scheinwerferlicht der Anerkennung auf Ihn, nicht auf uns.

Mein Mann hatte als Prediger am Silvesterabend die Gewohnheit, den Mitarbeitern der Gemeinde zu danken für ihren Dienst, den sie das Jahr hindurch ehrenamtlich treu getan hatten.
Einmal vergaß er dabei unsere Organistin. Ausgerechnet die, dachte ich mit Schrecken. Sie war sehr empfindlich und ich fürchtete mich schon vor der Reaktion. Sie kam auch prompt einige Tage später als Brief ins Haus geflogen: Eine Kündigung des Organistendienstes. Es sei ihr einfach zu viel geworden, nebst allen anderen Arbeiten. Wie sieht es da bei uns aus, wenn man uns beim Danken und Loben vergisst? Damit sollte es doch eigentlich vorüber sein, wenn unsere Gaben in den Dienst Gottes gestellt sind und Ihn groß machen sollen, nicht uns.

Wer sich einsetzt, setzt sich aus

Beim Ausüben von Gaben lässt es sich nicht umgehen, dass andere uns beurteilen, uns ein Echo geben. Natürlich fördert uns jedes Lob, und positive Echos tun wohl.

Aber wenn Kritik kommt, muss es nicht heißen, dass unsere Gabe nichts wert sei. Berechtigte, aufbauende

Kritik ist eine große Hilfe! Sie anzunehmen, zu prüfen und gut damit umzugehen zeugt von Reife und Demut.

Die Meinung, bei allen Menschen Begeisterung auslösen zu müssen mit unserer Gabe, wäre eine Utopie. Wir können nicht jedermanns Freund sein. Bescheidenheit hilft hier sicher vor der Enttäuschung.

Gaben können zur Berufung werden

Junge Menschen haben heute die Möglichkeit, sich gründlich beraten zu lassen, welchen Beruf sie erlernen möchten. Ein guter Berufsberater klärt durch Gespräche und Tests ab, in welche Richtung die Interessen gehen, woran man Freude hat.
Ist ein junges Mädchen sehr auf Kinder ausgerichtet, liegt ihm ein Beruf mit Kindern nahe. Oder wenn ein Junge seine Freizeit vor Computern verbringt, wird ihn auch sein Berufswunsch in diese Richtung weisen. Wenn wir unsere Gaben im Beruf ausleben und gebrauchen können, ist dies ein besonderes Geschenk! So wird die Arbeit zur Freude! Wir entfalten uns im Beruf und haben Erfolg.

Berufung kann in einem Beruf enthalten sein. Berufung wird aus dem Erkennen, dass Gott, unter dessen Herrschaft ich mein Leben lebe, mich mit dieser Gabe in seinen Dienst gerufen hat. Er meint mich, und er braucht mich zum Bau seines Reiches.
Die Verse aus 2. Mose 31, 2 – 6 haben mich betroffen gemacht. Da spricht Gott zu Mose: »*Siehe, ich habe mit*

Namen berufen Bezalel, den Sohn Uris, des Sohnes Hurs, vom Stamm Juda, und habe ihn erfüllt mit dem Geist Gottes, mit Weisheit und Verstand und Erkenntnis und mit aller Geschicklichkeit, kunstreich zu arbeiten in Gold, Silber, Kupfer, kunstreich Steine zu schneiden und einzusetzen und kunstreich zu schnitzen in Holz, um jede Arbeit zu vollbringen. Und siehe, ich habe ihm beigegeben Oholiab, den Sohn Ahisamachs, vom Stamm Dan, und habe allen Künstlern die Weisheit ins Herz gegeben, dass sie alles machen können, was ich dir geboten habe.«

Gott gibt Gaben und beruft uns damit in seinen Dienst! Welche Ehre!

Verstehen wir unter Berufung nicht allzu schnell nur die so genannten »geistlichen Gaben«: Predigen, lehren, Seelsorge, beten – und dazu fühlen wir uns nicht berufen. Unsere Gaben liegen anderswo, vielleicht mehr im praktischen, handwerklichen Bereich.
Die beiden Männer, Bezalel und Oholiab, wurden mit ihren handwerklichen Gaben berufen zum Bau der Stiftshütte! Die Geschicklichkeit und Weisheit kam von Gott, damit sie diesen Auftrag ausführen konnten.

Wir sind mit unseren Gaben berufen zum Dienst für Gott! Dies wird möglich in der Gemeinde, im Dienst an Mitmenschen, in der Bereitschaft, mich hineinzugeben, wenn meine Gaben nötig werden.

Schaugaben und Dienstgaben

»Unsere Kapelle wird schon lange vom Reinigungsinstitut geputzt«, erklärte mir eine Predigersfrau. »Unsere Frauen in der Gemeinde gehen zum großen Teil einem Beruf nach und geben dann lieber das Geld für das Putzinstitut.«
Das kann ich gut verstehen, es leuchtet mir ein. Warum auch nicht?
Trotzdem geht es mir nach, lässt Fragen offen. Warum ist Putzen eine geringe Arbeit, die als Erniedrigung hingestellt wird? Man macht sie, weil man muss.
Gibt es denn die »Reinigungsgabe« nicht? Sie ist doch wichtig für die Gemeinde!

Viele Jahre leiteten mein Mann und ich ein evangelisches Tagungszentrum. Die meisten unserer Mitarbeiterinnen wollten ihren Einsatz bewusst als »Dienst für Gott« leisten. Doch obwohl sie Gott dienen wollen, war es immer eine Überwindung, wenn sie im Hintergrund der Abwaschküche das Geschirr spülen sollten.

Gott dienen ja – aber muss es denn unbedingt im Hintergrund sein?
Wir haben doch noch andere Gaben, die wir gerne zur Schau stellen würden, bei denen auch für uns selber noch etwas herausspringt.

Das Bild vom Leib wird mir zur Hilfe. Der Apostel Paulus vergleicht das Zusammenspiel der verschiedenen Gaben mit den Gliedern des Leibes (1. Kor 12). Da gibt es Augen, Ohren, Hände, Füße – sichtbare Teile, daneben aber auch die ganz wichtigen inneren Organe wie Herz,

Lunge, Magen etc. Wenn ein Glied streikt, durch Krankheit ausfällt, leidet der ganze Leib. Ja, er kommt sogar in Gefahr, zusammenzubrechen oder zu sterben. Alle Glieder sind gleich wichtig!
Und alle Gaben brauchen Ergänzung! Das gute Zusammenspiel der Gaben ist heute gefragt, nicht die Stars und Solisten!

Wer Gaben und Aufgaben im Vordergrund hat, darf sich daran freuen. Aber er soll ganz bewusst auch *die* sehen und anerkennen, die ihn im Hintergrund ergänzen. Ohne sie könnte er seinen Dienst nicht tun. Wer im Hintergrund mit seinen Gaben Gott dient und eine Aufgabe wahrnimmt, darf sich freuen! Er soll dankbar diesen Platz ausfüllen und den anderen im Vordergrund ergänzen, ihm die Hand reichen und es wissen: wir beide sind nötig, damit der Auftrag Gottes erfüllt wird.

Kennen Sie die Geschichte: »Es war einmal eine Orgel«? (aus: Dieter Theobald, Stets zu Diensten, Brunnen-Verlag Gießen)

Auf der Empore der barocken Stadtkirche hatte sie ihren Platz. Sie war von Anfang an dabei und unterstützte in froher Unermüdlichkeit das Gotteslob der Gemeinde.
Links und rechts standen die mächtigen Holzpfeifen, dazwischen in harmonischer Anordnung die Orgelpfeifen aus Zinn, von der kleinsten bis zur größten. Eben – wie die Orgelpfeifen!

Im Bewusstsein seines Könnens schritt der Organist Sonntag für Sonntag an seinen Platz. Mit spielerischer Leichtigkeit überflogen seine Hände die Manuale, und seine Finger drückten zielsicher die richtigen Tasten.

Damit es aber wirklich zum herrlichen Orgelvorspiel und zur Begleitung der Choräle kam, wirkte noch jemand in aller Verborgenheit. Hinter der Orgel trat im Schweiße seines Angesichts ein junger Bursche den Blasebalg. Er allein verschaffte der Orgel den notwendigen Lebensodem. Mit tiefen Zügen sogen die Orgelpfeifen den Luftstrom ein, um ihn auf Geheiß des Organisten tonvoll auszuatmen. So geschah es Sonntag für Sonntag. Vor der Orgel der Organist, hinter der Orgel der Blasebalgjunge.
Nachdem die Kirchgänger schon längst das Gotteshaus verlassen hatten, kam der Junge erschöpft, aber stolz hinter der Orgel hervor und sagte: »Herr Organist, heute haben wir wieder schön gespielt!« – Etwas mokiert entgegnete der Organist: »Wir? – Ich habe gespielt!«

Als freilich am nächsten Sonntag das Vorspiel einsetzen sollte, fehlte den Pfeifen die Luft. Verwirrt sah der Organist zum Blasebalgjungen. Doch noch ehe der Orgelkünstler ein Wort hervorbringen konnte, fragte der Junge: »Wer hat schön gespielt?« »Wir!«, antwortete der Organist lächelnd. »Wir!«
Einige Sekunden später klang ein wunderbares Präludium durch den Kirchenraum.

Gaben als Last?

Hilfe, ich bin einfach zu begabt!«, rief eine junge Frau, der sozusagen alles, was sie in die Hände nahm, gelang. Sie wurde mit Aufträgen und Anfragen überhäuft und wünschte sich sehr, weniger Gaben zu haben.
Zusätzlich litt sie noch unter dem Neid ihrer Kollegin-

nen, die sich von ihr zurückzogen und über sie spötteltet.

Menschen, die ihre Gaben als anvertrautes Gut von Gott betrachten, können tatsächlich in Not kommen. Das Gleichnis von den anvertrauten Talenten (Mt 25, 14–30) mit dem Auftrag des Herrn, sie gut zu verwalten, sitzt ihnen in den Knochen.

So versuchen sie, aus allen Talenten das Optimale zu machen und *zerarbeiten sich in der Menge der Wege* (Jes 47, 13).

Auch begabte Menschen dürfen zuerst einmal hinhören auf das, was wesentlich und wichtig ist für ihr Leben. Prioritäten setzen, das gilt auch für den Umgang mit verschiedenen Gaben. Ich bin überzeugt davon, dass wir dort auch Antwort und Wegweisung bekommen, wo wir unsere Gaben Jesus schenken und ihn um die richtige Prioritätenliste bitten.

Bequeme oder ängstliche Gabenträger, die sich lieber vor der Anstrengung drücken möchten, die eine Gabe mit sich bringt, möchte ich sehr ermutigen! Der Einsatz lohnt sich! Was wir mit unseren Gaben wirken, Gutes tun, fließt immer wieder zurück zu uns selber. Letztlich bleiben die Gebenden die Beschenkten.

Wir betrügen uns selber um viele schöne Stunden und gute Erfahrungen, wenn wir so handeln, wie diese Frau: Ihr Haus stand mitten im blühenden Obstgarten. Ganz berauscht von all der Schönheit kam eine Besucherin vor der Haustür an und schwärmte: »Wie glücklich müssen Sie sein, hier wohnen zu dürfen!« Mit einer sorgenvollen Handbewegung wies die Frau die Begeisterung zurück und sagte bitter: »Ich fürchte mich heute schon vor der Ernte.«

Gaben können verkümmern

Ja, Gaben sind mit Einsatz verbunden! Wer den Aufwand scheut, seine Gaben zurückhält, wird mit der Zeit erstaunt feststellen, dass Gaben auch verkümmern können.

Gaben sind Geschenke, nicht fester Besitz! Wir sind Verwalter dieser Gaben und damit rechenschaftspflichtig über das, was wir mit ihnen gemacht haben.

Ein guter Klavierspieler wird nicht mit zwanzig Jahren sein Klavier verkaufen und sich vornehmen, nach der Pensionierung wieder einzusteigen! Er käme völlig aus der Übung und müsste praktisch von vorne neu beginnen.

Gaben als Möglichkeit zur sinngebenden Lebenserfüllung

Wie schade, wenn unser guter Klavierspieler in den 45 Jahren zwischen Jugend und Pensionierung sich die Freude seiner Musikbegabung vorenthalten würde!

Er könnte sich selber Gutes tun, wenn er nach einem arbeitsreichen Tag in die Tasten greifen und sich mit Musik entspannen würde. Seiner Frau könnte er eine Träumerei vorspielen, seinen Kindern frohe Lieder, Besuchern wohl tun mit einem Musikstück und in der Gemeinde Lieder begleiten ...

Unsere Gaben sind wie Werkzeuge, mit denen wir etwas

ausrichten können. Wir werden mit unseren Gaben gebraucht und geben sie hinein in den Dienst Gottes. Andere ergänzen uns und dienen uns mit dem, was uns fehlt. So wächst Gemeinschaft und Freundschaft.

Selbstverständlich sind unsere Gaben nicht *die* Lebenserfüllung oder gar *der* Lebenssinn. Das käme einer Vergötzung der Gaben gleich! Sinn und Erfüllung unseres Lebens ist der Geber der Gaben! Wenn wir Gaben annehmen und einsetzen für ihn, erfüllt sich unser Lebenssinn, indem wir *»etwas seien zum Lob seiner Herrlichkeit«* (Eph 1, 12).

Gaben und Grenzen gehören zusammen

Wir sind begrenzt begabt! Zum Glück! Stellen Sie sich einen Menschen ohne Grenzen vor! Auch wenn solche Supermann-Wunschträume in den Köpfen vieler Zeitgenossen herumschwirren: Unseren Gaben sind Grenzen gesetzt.

Die andere Wahrheit ist genauso gültig: Niemand hat nur Grenzen! Innerhalb der Grenzen sind Gaben. Vielleicht noch unentdeckt, verschüttet, im Ansatz, aber sie sind da und warten auf mutige Entdecker!

Die Auseinandersetzung mit meinen Gaben und Grenzen hilft mir, mich selber zu erkennen, mich zu werden. Als unverwechselbare, einzigartige Frau zu leben, die Gott einmalig geschaffen hat. Mit dem Psalmisten bekenne ich: *»Ich danke dir dafür, dass ich wunderbar*

gemacht bin (mit Grenzen und Gaben!), ***wunderbar sind deine Werke, das erkennt meine Seele«*** (Ps 139, 14).

Dienst für Gott – Diakonie in der Gemeinde

Mein Leben wurde in der Kindheit stark geprägt von meiner Patin, einer Diakonisse, die ihre Lebensberufung und ihren Dienst für Jesus mit großer Überzeugung und Freude auslebt. Auf dem Nachttisch ihres einfachen Zimmers steht der Diakonissenspruch von Fliedner:

> *Was will ich?*
> *Dienen will ich.*
> *Wem will ich dienen?*
> *DEM HERRN*
> *in seinen Elenden und Armen.*
> *Und was ist mein Lohn?*
> *Ich diene weder um Lohn noch um Dank,*
> *sondern aus Dank und Liebe;*
> *mein Lohn ist, dass ich darf!*
> *Und wenn ich dabei umkomme?*
> *Komme ich um, so komme ich um,*
> *sprach Esther,*
> *die doch ihn nicht kannte,*
> *dem zuliebe ich umkäme,*
> *und der mich nicht umkommen lässt!*
> *Und wenn ich dabei alt werde?*
> *So wird mein Herz grünen wie ein Palmbaum,*
> *und der Herr wird mich sättigen*
> *mit Gnade und Erbarmen.*
> *Ich gehe mit Frieden*
> *und sorge nichts.*

Weil ich davon stets beeindruckt war, kopierte sie mir diese Worte und schrieb in ihrem Brief an mich dazu: »Aber weißt du, das kann man nicht mehr in die heutige Zeit übertragen. Es ist auch gar zu radikal geschrieben.«
Im ersten Moment musste ich lachen, als ich das las – geschrieben von einer so radikalen Dienerin Christi! Im zweiten Moment wurde ich sehr nachdenklich. Ist Dienst für Jesus denn zeitabhängig? Darf man in der heutigen Zeit, wo das Wort »dienen« unpopulär geworden ist, einfach Abstriche daran machen?
Nein, ich bin überzeugt, dass der Dienst für Jesus heute wieder ganz neu entdeckt werden muss. Wir gehen als einzelne Gläubige, und wir gehen in den Gemeinden kaputt, wenn wir die gelebte Liebe, den Dienst für den Herrn vernachlässigen.
Wir werden wie das Tote Meer: es ist schön zum Anschauen, aber es ist ungenießbar, unfruchtbar. Kein Tier, keine Pflanze kann darin leben, weil kein Abfluss da ist. Das Meer behält alles für sich, verdunstet und erstickt in sich.
So soll und darf unser Leben nicht werden! Unser Leben darf und soll Abflüsse haben. Die Verheißung Jesu soll an und durch uns in Erfüllung gehen: »Wer an mich glaubt, wie die Schrift sagt, von dessen Leibe werden Ströme lebendigen Wassers fließen.«

Weiter im Norden Israels liegt der See Genezareth. Er wimmelt von Leben, von Fischen und Pflanzen, er ernährt und erfreut die Menschen, die um ihn wohnen. Warum?
Er empfängt an seiner Nordseite ebenfalls das Wasser des Jordans, aber an der Südseite gibt er dieses Wasser weiter. Er behält das lebendige Jordanwasser nicht für sich, sondern gibt es weiter. Er nimmt und gibt weiter, das ist

ein Lebensprinzip! Empfangen und weitergeben! Die Liebe des Herrn erquickt mich und soll als Erquickung zu anderen fließen.
Es ist eine Grundentscheidung nötig, die wir vor Gott treffen und es ihm sagen: »Herr, ich will ein Kanal sein für deine Liebe.«
Über viele Jahre habe ich im Morgengebet den Satz gesprochen: »Lass mich heute ein Kanal der Liebe und der Freude, der Kraft und des Segens werden für jeden, den Du mir in den Weg stellst und begegnen lässt.«

Auch wenn solche Gebete mit der Zeit etwas abstumpfen, war es mir doch immer bewusst, dass ich gesegnet bin zum Segnen, geliebt bin zum Lieben, gestillt bin zum Stillen.
Die Nachfolge im Glauben an Jesus erschöpft sich ja nicht in großen Theorien, in schönen Worten, in wohlklingenden Liedern und gediegenen Gottesdiensten, sondern vor Christus gilt: (Gal 5,6) »*... der Glaube, der durch die Liebe tätig ist*« und »*sondern durch die Liebe diene einer dem andern*« (Gal 5,13).
Wir sind die Augen, Lippen, Ohren, Hände, Füße Jesu in dieser Welt! Durch die Liebe derer, die von Gott berührt sind, berührt Gott diese Welt!
Dabei ist das, *was* wir tun, gar nicht so wichtig, als vielmehr das *Wie*, die innere Haltung, die Gedanken der Liebe, die in diesen Dienst verknüpft sind.
Nun besteht aber ein wesentlicher Unterschied zwischen »einen Dienst tun« und »Diener sein«.
Es ist noch relativ einfach, sporadisch für Jesus einen Dienst zu tun, sich aufzuraffen für einen Krankenbesuch, den Frauengesprächskreis jeden Mittwoch von 14.00 bis 16.00 Uhr zu leiten, Blumen hinzustellen für den Gottesdienst usw. Das kann man in Angriff nehmen,

und dann kann man es wieder weglegen mit einem zufriedenen Gefühl: »Das hast du gut gemacht, du setzt dich wenigstens ein. Wenn nur alle so viel täten wie du.« Wir erleben uns wie Schüler mit einem Stundenplan, die sich den Dienst in den Terminkalender eintragen als »Aktion der Nächstenliebe für den Herrn«, die aber sehr froh sind ums Pausenzeichen.

Dienste tun, Aktionen der Nächstenliebe starten, Diakonie ins Gemeindeprogramm einplanen ist hilfreich und richtig. Wir sind auch dankbar, dass sich der Gedanke ins Bewusstsein der christlichen Gemeinde einnistet, dass die Diakonie nicht delegiert werden kann an Diakonissen-Mutterhäuser, Sozialämter und Fürsorgestellen, sondern dass die gelebte Diakonie ein zentrales Anliegen der christlichen Gemeinde ist.

Aber es könnten bei diesen Worten »Diakonie in der Gemeinde« auch Missverständnisse aufkommen, dass man Diakonie machen könnte, so, wie man Jugendarbeit oder den Bazar macht. Es würde dann mit dem Aufgabenbereich »Diakonie« einfach noch eine neue Sparte ins ohnehin schon beängstigend übervolle Gemeindeprogramm kommen. Und einer der oft schon überlasteten Ältesten müsste dann noch zuständig sein für diesen sozialen Bereich in der Gemeinde. Vor dieser zusätzlichen Arbeit und Last fürchten wir uns begreiflicherweise.

Es geht nun aber eben gerade nicht darum, die »Diakonie in der Gemeinde« als neu zu integrierenden Aufgabenbereich ins Gemeinde-Organigramm oder Pflichtenheft aufzunehmen. Es geht nicht ums mehr Dienste tun, sondern ums Diener sein, und damit kommen wir zum nächsten:

Die diakonische Gemeinde

Damit ist unsere Gesinnung, unser Sein, unsere Lebenshaltung angesprochen.

Nicht mehr: ich tue einen Dienst für Jesus,
sondern: ich bin ein Diener Jesu Christi.
Nicht mehr: Wir machen Diakonie in unserer Gemeinde,
sondern: Wir leben diakonisch in unserer Gemeinde.

Das ist ein gravierender Unterschied!
In Johannes 13 zeigt uns Jesus selber, wie Er das meint. Er kniet als »der Meister« ganz selbstverständlich nieder und wäscht seinen Jüngern (»Lehrlingen«!) die Füße. Er ist bereit zum niedrigsten Sklavendienst.
Er ermutigt seine Jünger, es ihm nachzumachen: *»Wenn nun ich euer Herr und Meister, euch die Füße gewaschen habe, so sollt ihr euch auch untereinander die Füße waschen. Ein Beispiel habe ich euch gegeben, dass ihr tut, wie ich euch getan habe.«* (Joh 13, 14.15) Und wie zur Erklärung der Motivation und Gesinnung, in der solcher Dienst geschieht, heißt es im gleichen Kapitel (V. 34.35) *»Ein neues Gebot gebe ich euch, dass ihr euch untereinander liebt, wie ich euch geliebt habe, damit auch ihr einander lieb habt. Daran wird jedermann erkennen, dass ihr meine Jünger seid, so ihr Liebe untereinander habt.«*

Damit hört die Pflicht und das schlechte Gewissen des »man sollte und müsste« auf. Wir selber, unsere Gemeinden, sind gefragt nach der Liebe, nach der Herzensverbindung zu Jesus, unserem Herrn.

Wenn wir es neu begreifen und einatmen, dass wir Geliebte sind, dass Jesus uns *zuerst* geliebt hat, dass es Gott eine Lust ist, uns wohl zu tun, dass die Gemeinschaft mit Gott ein Fest ist, das unseren Alltag täglich durchzieht, dann wird diakonisches Leben unser »Ausatmen«. Wir geben weiter, was uns geschenkt wird.
Diakonische Gemeinde, das ist eine Gemeinde, deren Glieder Diakonie als Lebensstil ausleben. Es sind Christen, denen es nicht mehr nur um ihr eigenes Wohlergehen, ihre Bedürfnisse und ihr Seelenheil geht, sondern die auch wahrnehmen, was anderen fehlt. Christen, die danach fragen, wie sie im Namen Jesu mithelfen könnten, Not zu lindern und Gottes Angebot zur Rettung bekannt zu machen.

Diakonische Gemeinde hat wohl auch etwas zu tun mit dem Geheimnis des Weizenkorns aus Johannes 12. Das Streben nach äußerem Erfolg, nach großen Zahlen, nach Profilierung der eigenen Gemeinde, nach Sicherheit muss den Weg des Weizenkorns gehen, damit inneres Wachstum geschehen und Frucht wachsen kann. Einer solchen aus Liebe dienenden Gemeinde wird verheißen, dass sie vom himmlischen Vater geehrt wird.

Eine Perspektive gewinnen ...

Perspektive heißt: Ausblick, Durchblick, Aussicht für die Zukunft.
Welche Perspektive haben wir für die Zukunft unserer Gemeinde? Was meinen wir konkret damit, wenn wir von Gemeindebau sprechen? Welches Ziel haben wir

uns gesteckt? Genügt es, um 50 neue Mitglieder zu bitten und zu werben?
Nein, es genügt nicht. Wir brauchen eine *innere Perspektive* für das, was Gemeinde Jesu Christi ist und soll. Wir benötigen eine Schau von Gott her für den Umgang und die Beziehungen untereinander, eine Perspektive für den Auftrag, den wir als Gemeinde Jesu in und an der Welt haben. Die Gemeinschaftspflege ist ein Teil des Auftrages; dass wir Gutes tun an den »Glaubensgenossen«. Es soll den Menschen wohl sein in der christlichen Gemeinde. Sie darf zur Heimat, zu einem Ort der Geborgenheit, zur Lebenshilfe werden. Darum sind wir einander nicht gleichgültig, sondern wir kümmern und helfen uns gegenseitig.

Aber wir haben auch einen Auftrag nach außen. Der lebendige Gott ist der Herr dieser Welt! Er leidet am Elend dieser Welt. Er sucht Menschen, die dieses Leid mit auf ihr Herz nehmen, sich rufen lassen und mithelfen, die Not zu lindern oder Veränderungen herbeizuführen. Wir wären vollständig überfordert, wenn wir uns als Botschafter an Christi Statt für die ganze Not und das Elend zuständig fühlten. Unser Auftraggeber, Jesus Christus, kann uns als Gemeinde und als einzelne Glieder bestimmte Anliegen aufs Herz legen, für die wir dann einstehen und Verantwortung übernehmen.

Welche Perspektive haben wir für unser persönliches Leben?
Mir fällt auf, wie viele über Dreißigjährige perspektivlos leben. Die großen Lebensträume sind der Ernüchterung, der Lebensrealität gewichen. Jetzt wartet man die Jahre ab bis zur Pensionierung, oder man versucht, aus dem

Leben auszupressen, was es an möglichen Freuden hergibt.
Aber was das Leben eigentlich soll, dass da ein großer Auftrag zu erfüllen ist, das verliert man so leicht aus den Augen.
Gott, der Schöpfer meines Lebens, Jesus, der Erlöser meines Lebens, der Heilige Geist, der Führer und Lehrer meines Lebens hat jedem von uns einen Auftrag gegeben: das Reich Gottes an meinem Platz mit zu bauen. Klaus Bockmühl sagt in seinem letzten Buch »Hören auf den Gott, der redet«, den entscheidenden Satz:
»Entweder breiten wir den Glauben aus und stärken ihn nach bester eigener Anstrengung, oder wir lassen es zu, dass wir ein Teil des großen Planes Gottes werden.«
Ich bin ein Teil des großen Planes Gottes! Das ist eine Lebensperspektive mit Zukunft und Konsequenzen!

Ein biblisches Vorbild: Aquila und Priscilla

Die ersten Diakone in der christlichen Gemeinde (Apg 6) waren Männer: Stephanus, Philippus, Prochorus, Nikanor, Timon, Parmenas und Nikolaus. Sie waren sorgfältig ausgewählt und zum diakonischen Dienst berufen worden.
Heute werden soziale und diakonische Aufgaben stärker von Frauen wahrgenommen. Das entspricht zwar den Gaben vieler Frauen und ist daher sinnvoll. Aber die Männer dürfen diese wichtigen Aufgaben trotzdem nicht einfach an die Frauen delegieren. Frauen und Männer gehören in diesem Dienst zusammen und ergänzen sich.

Ein beeindruckendes Beispiel eines diakonischen Ehepaares sind Aquila und Priscilla. Sie lebten den Gedanken des Priestertums aller Gläubigen praktisch aus.
Mit Hab und Gut stellten sie sich dem Herrn zur Verfügung, teilten ihr Haus, ihre Einnahmen, ihren Arbeitsplatz mit Paulus. Die Gemeinde konnte sich in ihrem Haus versammeln. Gastfreundschaft, ein offenes Haus, gehörten ganz schlicht dazu.
Sie hatten ihre Lebenswurzeln in Gott vertieft und wurden deshalb »versetzbar«, offen für den Ruf Gottes an einen neuen Ort. Aquila und Priscilla lebten, arbeiteten und wirkten für das Reich Gottes in Rom, Korinth und Ephesus.
Sie hatten sich entschieden, die Sache Gottes zur obersten Priorität ihres Lebens zu machen. Sie waren sogar bereit, ihr Leben hinzugeben, um Paulus zu retten.
Priscilla war genau gleich wert geachtet wie ihr Mann Aquila. Die beiden dienten einander und in der Gemeinde mit den Frauen- und Männergaben.

Wir sind als Originale geschaffen. Jedem von uns wird Gott den eigenen Auftrag und Weg zeigen. Wichtig ist die Erkenntnis: »Was könnte Gott aus deinem Leben machen, wenn du ihn nur Herr sein ließest ganz und gar! Vertrau dich ihm an und du wirst sehen, der Herr führt wunderbar!«

Nachwort

Erinnern Sie sich noch an den Rat, den Reinhold Ruthe in den Seminaren jeweils den zukünftigen Seelsorgern mitgab: »Es spielt keine Rolle, wo der Ratsuchende zu erzählen beginnt. Wo wir auch anfangen, wir reden immer von uns und über uns selber.«

Sie haben die verschiedenen Kapitel dieses Buches durchgelesen und es sicherlich auch gemerkt: Da spricht eine Frau nicht einfach ein paar allgemeine Lebensweisheiten aus. Sie erzählt – vielleicht zwischen den Zeilen – von sich selber, von ihrem eigenen Suchen und Ringen nach dem rechten Weg.

Ich erlebe mich als eine Frau, die unterwegs ist und sich verändern und hineinwachsen möchte in eine gesunde Reife, in Gottes Bild, das er von mir hat.

Wer unterwegs bleiben will, muss seinem Herzen Sorge tragen! Er kommt sonst leicht außer Atem und mag nicht mehr!

Dem organischen Herzen kann man nachhelfen mit Ruhe und Tabletten. Aber das »innere Herz« bleibt leicht auf der Strecke. Es resigniert ob all den Enttäuschungen, die man im Laufe der Jahre erleidet, es zieht sich zurück und wird einsam. Oder das Herz wird bitter und hart. Man hat die Menschen und das Leben kennen gelernt und erwartet nichts Gutes mehr.

Das Herz kann im Frust des Lebens erkalten und weder

Liebe empfangen noch Liebe schenken. Es ist nichts mehr da, was wärmen und glücklich machen könnte.
Da ist es eine bewusste Entscheidung, diesen negativen Lebenserfahrungen, die Leben lähmen und hindern, den Titel dieses Buches entgegenzusetzen: »Ich halte mein Herz an die Sonne.«
Ich wünsche Ihnen, liebe Leserin, die Erfahrung, dass dann Ihr Herz von Gott selber erwärmt und mit Lebensenergie und Freude erfüllt wird.
Bleiben Sie mit mir zusammen unterwegs!

hänssler

Weitere Bücher von Vreni & Dieter Theobald

Vreni Theobald
Ich bin eine Frau
Pb., 100 S., Nr. 56.643
ISBN 3-7751-1201-4

Frische, anregende und praktische Lebenshilfe für alle Frauen, die ihren Glauben ganz natürlich im Alltag leben wollen. Denkanstöße zu Themen wie: Was füllt mich aus? Erziehung zum Glauben, Zusammenleben, aus der Freude leben u.v.a.
Herrlich zu lesen!

Vreni & Dieter Theobald
**Heile Beziehungen –
Beziehungen heilen**
Beiträge zum Thema Freundschaft, Partnerschaft, Ehe
Tb., 176 S., Nr. 392.351
ISBN 3-7751-2351-2

Wie Freundschaft bzw. Partnerschaft gelingen kann: Angefangen bei meiner Beziehung zu Gott und mir selbst, bis hin zur Beziehung zum Nächsten und Allernächsten, dem Ehepartner. Phasen und Krisen in der Ehe, Erwartungen und Überforderungen und andere Themen, die »dran« sind, werden hier offen angesprochen. Mit hilfreichen Arbeitsblättern – ein wertvoller Ratgeber, nicht nur für Verheiratete!

Bitte fragen Sie in Ihrer Buchhandlung nach diesen Büchern!
Oder schreiben Sie an den Hänssler Verlag, D-71087 Holzgerlingen.

hänssler

Elke Werner
Frauen verändern ihre Welt
Tb., 248 S., Nr. 393.316
ISBN 3-7751-3316-X

Ganz normal und doch ganz besonders – Frauen, die durch ihren Einsatz und ihr Vertrauen auf Gott ein Stück dieser Welt verändern, werden hier vorgestellt. Außerdem zeigt die Autorin biblische Grundlinien für den gleichberechtigten Dienst von Männern und Frauen in Gemeinde und Gesellschaft auf.

Renate Hof
Das Rennen der Schneemänner
Originelle Andachten für Frauen
Tb., 80 S., Nr. 393.095
ISBN 3-7751-3095-0

Freuen Sie sich auf 16 Andachten, die biblische Botschaften so anschaulich vermitteln, dass sie wie von selbst hängen bleiben. Die außergewöhnliche Mischung aus Einfallsreichtum, Alltagsbezug und biblischen Beispielen spricht mitten in unser Leben hinein! Ermutigende Andachten zum Selberlesen, Vorlesen und Darüberreden.
Praktisch – ermutigend – alltagsbezogen!

Bitte fragen Sie in Ihrer Buchhandlung nach diesen Büchern!
Oder schreiben Sie an den Hänssler Verlag, D-71087 Holzgerlingen.